JN086113

那須・本間法律事務所 編著

破産管財人・
管財人代理の
実務 ある工務店事案を素材に

商事法務

はしがき

　本書は、ある工務店の破産管財事件に携わった破産管財人団が、業務を遂行しながら得たコツ、注意事項等を記録し、その反省を踏まえ、自らこの事件をもう一度担当することになった場合を想定して自分自身にアドバイスするつもりで執筆したものである。必要に応じ、関連する法令、判例、学説に言及している。

　本書の想定する主たる読者は小規模な建設業者の破産管財人及び破産管財人代理である。また、こうした工務店の破産事件の申立代理人の役割についても触れたので、申立代理人にとっても役に立つ。さらに、施主はこうした破産手続において破産管財人と対峙することになるが、その代理人、協力業者の代理人、建設業者の仕掛現場を承継する業者の代理人にとっても参考になる部分があろう。

　そして本書を真摯に読み解いていただくことで、実はさらに広く、破産管財事件に通有するノウハウのようなものをお伝えできるのではないかと思うに至った。そのような意味では本書は「建設業者の破産手続を通じて」臨床法的な実務を読者に提供できるものと思う。

　私は、かつて東証一部上場ゼネコンの会社更生事件に保全管理人代理・更生管財人代理として関与したことがある。やはり仕掛現場の出来高査定が問題となった。しかし、その事件では本件で経験したような苦労はなかった。もともと一部上場ゼネコンが受注する工事においては、工事内訳明細があり、定例会議の議事録

も完備されているから出来高の把握は容易である。また、上場ゼネコンゆえに優秀な社員がおり、パソコンの操作に慣れ、必要な作業は細かな指示をしなくても、こちらが想定している以上のクオリティの資料が短時間で作成された。さらに、そもそも再建型の手続であるので現に存在する組織を利用することができ、社員は会社にいるから作業の依頼は容易である。加えて、工事の規模も一定以上であるから、施主は相当の規模の法人であって建設工事に慣れており、施工業者の倒産という困った状況に対しても感情的になることはなかった。冷静な対応は現場が自己の生活の本拠ではないからでもあろう。また、こうした施主の場合、工事代金の支払いに窮するような事態は通常想定されない。

　これに対し、本件の破産管財事件は従業員20名足らずの小規模な工務店にかかるものであり、自社で設計施工を行っていたこともあり、出来高算定の基礎となる工事内訳明細書がなかった。また、破産手続開始時において従業員は全員解雇されており、破産会社の組織的な協力を得て管財業務を遂行することは不可能であった。

　そして、施主は、マイホームを持とうという個人であり、建設工事の発注は初めての場合が大半である。建設工事自体に不慣れであり、まして施工業者が倒産するという状況になれば、パニックになるのも無理はない。憧れのマイホームが実現するのか、実現するとしていつになるのか、仮住まいの家賃は負担してもらえるのか、工事の瑕疵の保証がなされるのか、不安材料には枚挙にいとまがない。資金にしても、潤沢な手元資金があるケースは想定されず、住宅ローンで賄う場合が通常であるから仮住まいの費用も含め不安が高まるのは当然である。破産管財人団はそうした施主と対峙しなければならない。

以上のとおり、小規模工務店の破産管財事件には、一部上場ゼネコンの会社更生事件にはない苦労があった。

　今後、建設業者の倒産の増加が予想される。本件のように、資金調達に行き詰まり、後継の業者に現場を承継することもできずに事業を投げ出すようなケースが増える可能性もある。本件の破産管財事件について我々は後に述べるように想像以上の苦労を強いられたが、これに近い状況での申立てもあろう。そこで、我々の経験（失敗）も踏まえつつ、本書が、同じような状況で破産管財人あるいは破産管財人代理に就任される各位に少しでもお役に立てれば幸いである。なお、随所に置かれているコラム類は破産手続一般に通じる事項を扱っており、実務上大いに参照していただきたい。

　本書は、本件破産管財事件の破産管財人　本間伸也、管財人代理　山平喜子、同　芥川壮介、同　山口陽一郎、同　岡田武士、同　水野良昭、同　千葉健太郎、同　青木　星、同　原田宜彦、同　鈴木雄斗の共同執筆によるものである。また、本書の執筆、出版にあたっては、商事法務コンテンツ開発部の浅沼亨部長、西巻絢子氏に多大なるご尽力をいただいた。心からお礼申し上げる。

2022 年 1 月 31 日

執筆者を代表して

那須・本間法律事務所　弁護士

本間伸也

CONTENTS

COLUMN

PART1

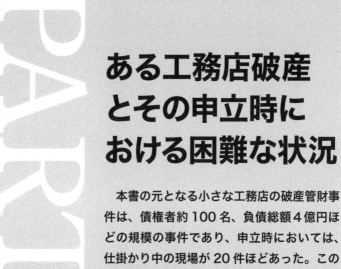

ある工務店破産とその申立時における困難な状況

　本書の元となる小さな工務店の破産管財事件は、債権者約100名、負債総額4億円ほどの規模の事件であり、申立時においては、仕掛かり中の現場が20件ほどあった。この工務店は木造の注文住宅を建設する会社で、設計は外注業者を使うものの、施主との関係では設計業務も受託しており、いわゆる設計施工であった（なお、後に述べるようにこのことも出来高算定の困難の原因となった。）。本件管財事件の申立時の状況は、以下に述べるように、非常に困難なものであった。

1.1 仕掛現場一覧表がなかった。

　第1に、破産手続開始申立書には仕掛かり現場一覧表が添付されていなかった。冒頭で仕掛中の現場は20件と述べたが、これは作業を進める中で判明した最終的な件数である。そもそも申立代理人は出来高を換価するという考えを持っていなかった。また、施主から受領している金員よりも出来高の方が少ない現場において、精算が必要となることについてはおよそ念頭になかったのである。そこで、申立代理人を督励し、その協力を得つつ、対象となる現場の全体像の把握から始めることとなった。

> **COLUMN　現場の全体像を把握する**
>
> 　破産管財事件は、破産者に帰属する財産を換価し、破産法の定める順位に従って債権者に対し平等に弁済する手続である。よって、破産管財人がまず、最初になすべき作業は、破産者に帰属する財産を網羅的にリストアップし、換価の対象を明確にすることである。換価の対象が決まれば、なるべく迅速かつ高額に一つ一つ換価していくことになる。

1.2 従業員が解雇済みであった。

1.2.1 従業員から直接情報を得られなかった。

　第2に、この会社は、従業員は十数名、うち4名が現場監督、残りが営業・総務という構成であったが、破産手続開始申立の1カ月前に解雇予告手当を払って従業員全員を即時解雇済みであった。申立時にはすでに他の会社に再就職した従業員が多く、現場の進捗状況、現場ごとの保全の必要性、協力業者の構成その他の

情報を従業員に対するインタビューによって把握することがおよそ不可能であった。また、個々の現場ごとの資料を保管している紙のファイルの所在も、電子データとして会社に保存している情報（サーバー上の所在）についても従業員から聞くことができなかった。

COLUMN　**破産手続と従業員解雇**

　破産手続においては、会社の事業を廃止することになるから、申立てに際し、従業員を解雇するのが通常である。解雇の日としては、会社として破産申立てを決め、従業員に対し、最後の給与を支払う日、申立てをした日が割と多いように思われる。事務所の明渡作業等は従業員がいるときの方が楽であるし、本件管財事件のように従業員から事情聴取が管財業務にとって重要なケースもあるため、解雇の時期等については申立代理人は破産管財人候補と協議するべきであろう。

1.2.2　反　省

　なお、本件においては予納金が乏しかったため、実行できなかったが、従前の時給の2倍程度を支払ってでも元従業員に協力してもらう仕組みを構築するべきであった。

　まず、現場周り（施主、協力業者の関係）は担当の元従業員に直接尋ねるのが最良である。

　また、本件においては、ある程度、代表者を通じて元従業員から情報を得ることはできたが、すでに雇用契約上の指揮命令という関係もないので、情報を得るのに時間がかかった。また、代表者を介すると代表者がボトルネックにもなり、事務処理が遅滞する。すなわち、こちらが代表者に電話しても電話に出られないこ

ともあるし、代表者が元従業員に電話しても同様に話せないこともある。よって、管財人ないし管財人代理が直接従業員と連絡をとれる仕組みをつくるべきである。

そして、誰しも退職した会社のことであれこれ質問され、時間をとられることは迷惑であることから円滑に協力をしてもらうには多少多めに報酬（例えば、従前の時給の2倍程度）を支払うのが得策である。

1.3　代表者が非協力的であった。

第3に、本件破産管財事件では、代表者が申立ての直後から非協力的であった。

COLUMN　**代表者・従業員の協力の必要性**

破産法上、代表者、従業員には説明義務が定められているが（破産法40条）、破産管財事件において代表者や従業員の協力は不可欠である。

例えば、破産者に属する商品を換価するには当然ながらその所在を知る必要があるが、破産管財人は商品の所在を知るよしもないので、代表者や従業員からその所在を教えてもらう必要がある。また、その商品を換価する方法について、破産管財人自ら検討するべきであるが、もともと代表者や従業員は破産会社においてその商品を販売していたものであるから、換価の方法について知見があることが多いであろう。

また、破産会社に帰属する売掛金回収に際しては、その発生原因について、代表者や従業員に事情を聴く必要があるし、それを証する契約書、注文書、見積書、納品書等を提供してもらう必要がある。代表者や従業員が一切協力を拒んだ場合には破産管財人が自らそうした書類を探索する必要があるが、それだけでも膨大

な時間を要することになる。

　破産管財事件の遂行には代表者、従業員の協力は欠くことができない。

　また、代表者の主たる役割は営業で、個別の現場の状況について把握していなかった。そのこと自体は会社の役割分担としてありうることではあったが、そのため、当職らの質問に対して直ちに答えることができなかった。他方、代表者は、個別の現場の具体的状況について細かく把握していないので、現場監督や担当営業に聞かないと分からないということは言わなかった。実際には、代表者がすでに解雇済みの従業員に対し個別に電話して情報を得ていたようである。結果として必要な情報の把握が遅くなり、従業員に対し、管財人団から直接問い合わせるようになってから「いつまで前の会社に付き合わせるつもりだ」と不快感をあらわにする者もおり、一層従業員の協力が得られにくい原因ともなった。

　さらに、施主との請負契約書すら網羅的に受領することができなかった。代表者は専ら営業を担当しており、契約書の管理等はしていなかったのでそれ自体としては仕方ないことかもしれないが、施主に対し法的手続を執ることも想定され、困った事態であった。

1.4　経理担当者が協力を拒否した。

　第4に、会社の経理担当者も、諸般の事情から、管財業務への協力を明確に拒否したため、必要な経理情報が得られなかった。後述するように現場の全体的把握、個々の現場の出来高、施主からの受入金の処理、全て経理担当者であれば容易に分かる情報が

得られなかったことは本件管財業務を困難にした主たる要因であった。

1.5 予納金が乏しかった。

第5に、引継ぎ予納金が乏しかった。

COLUMN　破産手続における予納金の意義

　破産手続における予納金には、官報公告のための裁判所に納付する予納金と管財人に引き継ぐ引継ぎ予納金がある。前者は、金額が確定している。後者は管財人の報酬の引当てとなるものであって最低20万円とされているが、破産管財事件の規模、想定される管財業務によって異なる。破産管財人を選任する裁判所としては、信頼して事件処理を依頼する以上、破産管財人がその労力に見合う報酬を得られることを想定しているが、膨大な時間と労力がかかることが予想される一方、破産者に帰属している資産にめぼしいものがない場合には予納金のみが破産管財人報酬となる場合もあり、事件の規模等に比して予納金が乏しい場合には申立てを受理しない。

　よって、破産申立代理人としては、想定される予納金が確保できるタイミングで申立てをすることができるように資金繰りを確認し、申立ての準備をする必要がある。

1.5.1 管財人代理報酬の引き当てがない。

　前述のとおり、本件破産管財事件においては対象となる現場は20件あったが、手続開始当時はそれが認識されておらず、出来高＞未成工事受入金の場合、初めて財団形成に寄与することになるが、それがどの現場かが確定していなかった。さらに本件においては出来高の把握そのものが膨大な作業であって、出来高の把

握の後に始まる施主との交渉ポイントは多数にわたり、しかも類型的に紛争性が高い。

　すなわち、まず、そもそも出来高として発生しているといえるのか、同時並行的に進行している工種ごとに出来高の評価の問題がある。また、工事の瑕疵が問題とされることもある。さらには工事遅延に伴う仮住まいの費用の精算等もある。

　また、はしがきにおいて述べたとおり、施主は、マイホームを持とうという個人であり、建設工事は初めてという施主が大半である。建設工事に不慣れであり、まして施工会社が倒産するという状況になれば、パニックになるのも無理はない。憧れのマイホームが実現するのか、実現するとしていつになるのか、仮住まいの家賃は負担してもらえるのか、工事の瑕疵の保証がなされるのか、不安には枚挙にいとまがない。資金にしても、潤沢な手元資金があるケースは想定されず、住宅ローンで賄う場合が通常であるから仮住まいの費用も含め不安が高まるのは当然である。よって施主との交渉は最も紛争性が高い類型の1つといってよい。

COLUMN　紛争性の高い事案とは？

　弁護士がその処理の依頼を受ける事件は様々であるが、一般論として、相手方が法人よりは、自然人の方が、怒り、悲しみ、不安等の感情を伴うため、冷静な話合いが困難なケースが多い。そうしたケースを紛争性の高い事案と称している。例えば、建物の漏水事故であっても、それが発生したのが法人の事務所か、自然人が居住する住宅かで相手方の反応は異なる。もとより事案によって異なるが、一般的に法人の事務所には営業時間があり、終業時刻になれば法人の関係者は退社し、それぞれ漏水事故の現場から離れることになるため、漏水事故に伴う怒り等の感情は収ま

る。これに対し、自然人が居住する住宅の場合、24時間漏水事故の現場に相手方はいることになるため、そうした感情は容易に収まらない。後者の方が、紛争性がより高い事案と称することになる。

　したがって、本件は多数の管財人代理を選任して業務を進めるべき案件であったが、申立直後の段階ではその報酬の原資を得られる見込みも乏しい状況にあった。管財人としては、今回の破産管財事件で管財人代理の労苦に対し、十分報いたいと希望するものの、最終的に財団が形成できない場合には、「別件でいずれ埋め合わせるから」といって許してくれそうな弁護士に依頼するほかない状況であった。

1.5.2　税理士の報酬の引当てがない。

　幸いにも会社の顧問税理士は協力的ではあったが、開始決定の時点では税務申告の報酬の原資がなく、申告を依頼することもできない状況であった。

　破産管財事件においては、およそ財団の形成が見込まれない場合には法人税等の申告をしないで済ませることもあり、本件においては前述したとおり破産管財人代理の報酬の引当てがない状況であり、ひいては税理士の報酬の引当てもない状況であった。

　しかし、仕掛現場の工事代金の回収に際しては同時に消費税が発生するので（なお、出来高＜未成工事受入金の現場においても精算合意をすると消費税発生する。）、申告納付が必須となる。欠損金があるため、法人税の納付は不要であるが、消費税の申告をする以上当然法人税の申告もすることとなる。

　したがって、報酬原資の見込みにかかわらず税理士の協力は必

要であり、管財人としては最悪自ら報酬を負担するつもりで開始
決定の直後に税理士に経理処理、申告を含む管財業務への協力を
依頼するべきであった。

破産手続と税務

　破産手続において税務は重要な課題である。

　破産法上、破産手続開始前の原因に基づいて生じた租税等の請
求権で、破産手続開始当時、納期限が到来していないもの、又は
納期限から1年を経過していないものは財団債権とされる（破産
法148条1項3号）。回収した財団が乏しく、財団債権に対する
弁済がまったくできない場合には問題がないが、そうでない場合、
財団債権の存在を無視して事件を終結することができない。破産
会社の場合、法人税については通常欠損金が積み上がっているた
め、納付の必要はないものの、破産会社に属する資産を管財人が
換価した場合には消費税の納付義務が生じる。よって、破産管財
人は消費税の申告し、納付せざるを得ない。

　また、破産者が粉飾決算をしていた場合には修正申告すること
によって、消費税や法人税の還付を受けることができる可能性が
ある。

　破産管財人は税務を重視する必要がある。

PART2

管財人団

　1人でやれば10ヵ月かかる案件も10人でやれば1か月で終わる。また、困難な案件に立ち向かうとき、仲間がいれば心強いし、複数人で検討すれば解決のための良い知恵も生まれやすい。管財人団を組成することは破産管財事件の迅速かつ的確な処理に極めて有益だ。

2.1　本件破産管財事件の体制

　以上のとおり、本件破産管財事件は極めて困難な状況でスタートした。個々の現場の把握に相当の労力を要することは確実であり、施主や協力業者との交渉は困難を極めることが予想されたため、裁判所の許可を得て、当事務所の弁護士5人、外部の弁護士4人の計9名を破産管財人代理に選任し、合計10名の管財人団で本件破産管財事件の処理にあたった。

2.2　多人数で処理することの合理性

　破産管財事件は、第1回債権者集会までに大半の業務を終えるのが望ましい。特に回収するべき売掛金がある場合には早急に回収するのが得策である。時間が経過すればするほど債務者の緊張感が損なわれ、任意の回収が困難になるからである。よって、業務量の多い破産管財事件においては可能な限り多くの破産管財人団によって、業務を進めるのが合理的であり、結果としてより多くの回収に結びつくと考える。例えば1人で業務を進めた場合10か月かかる案件も10人で進めれば1ヵ月で完了する。また、個々の破産管財人代理の負担についても多くの人数で分担することにより1人当たりの負担は軽減される。

COLUMN　**破産手続と「時間」**

　「破産手続とは炎天下のもとで魚を捌くようなものだ。速度が肝心で、余ったらくれてやればよい」とは倒産分野において著名な多比羅誠弁護士の言である。破産手続における換価にしても、債権調査等にしても迅速な処理が重要である。

破産手続において換価の対象となるものは多岐にわたるが、とりわけ季節性のある商品や食品等は迅速な処理が要求される。日々それらは劣化していくからである。

　売掛金についても破産の申立前であれば期限どおり支払われていたものが、支払いが留保されることも多い。速やかに督促し、回収しないと事実上、売掛先の資金繰りに取り込まれて回収が困難になる。

　換価以外の破産手続、例えば債権調査についてもしかるべき期日において認否を終え、認めない旨の認否をする場合には期日前に当該債権者と協議して、可能な限り認めない額につき取下を求めるなどして債権調査を速やかに終了するように努める。

　特に、本件破産管財事件においては出来高の疎明に協力業者の請求書を積算する必要があり、これらは現場ごとに個別に行う必要あるからその事務量は膨大になる。1つの現場に関与する協力業者の数は十社以上となり、工種にもよるが、1つの現場において複数枚の請求書を発行する協力業者もいる。そのため1つの現場の協力業者の請求書は通常仕掛かり中であっても50枚以上となり、それを一枚一枚精査し、債務者である施主に提示して出来高について合意を得るのは相当の時間と労力を要することは容易に想像できるところである。

　また、出来高の回収以外にも協力業者から破産債権の届出をされたり、財団債権の請求がされたりする場合があるが、それらの内容を確認するにはやはり数十枚の請求書を精査する必要がある。

　そうしたことから、本件破産管財事件においては前述したとおり予納金が乏しいにもかかわらず9名の代理を選任し、現場ごとに担当を決めて取り組んだが、正解であった。

　なお、担当の割り振りには反省がある。後述するように出来高

の把握のためには、債権届出書に添付された請求書が重要になる場合もある。よって、担当する現場に関する協力業者の債権届についても担当代理を決めるべきであった。もっとも、担当する現場に関係する協力業者と債権届をした業者をリンクさせるのは意外と難しい。そこで債権届がなされるたびに担当代理を機械的に割り振り、必要に応じ、担当の代理を交代するなどする必要があろう。

2.3　週1回管財人会議

　破産管財事件の処理は平等・公平になされる必要があり、問題点について情報を共有し、処理方針を統一しなければならない。また、進捗の管理の必要もある。そこで週1回管財人会議を開催した。

COLUMN　**管財人会議とは？**

　破産管財人だけで遂行する破産管財事件が大半であるが、複数の破産管財人代理を選任して処理を進める場合には、処理方針についての協議、情報共有が重要である。そのため、破産管財人、破産管財人代理が集う必要があり、その会議を管財人会議という。

　破産手続開始決定から1か月間は特に重要な期間であり、週1回程度の頻度で会議を行う。

　会議においては、各管財人代理から、担当する案件の進捗報告がなされ、解決するべき課題についての議論、処理方針についての協議、その他の情報共有がなされる。

　ただし、10人の弁護士の日程の調整は困難である。10人のうち6人は同じ事務所に所属しており、毎週1回ランチタイムを利

用して事務所会議を行っていたので、幸い 6 人についてはすでに
事務所会議をそのまま管財人会議とすることができた。外部の弁
護士にその会議に参加してもらうやり方で 10 人の日程を確保し
た。

　本件では結局最後の集会まで管財人会議を実施した。ただ
し、現実空間に参集したのは 1 度だけで後述するように会議は
Zoom-meeting で行った。

共同作業の効率化

本件破産管財事件は 10 名の管財人団において遂行したが、以下のとおり IT を活用する方法で効率的に業務を進めることができた。

3.1 Zoom の利用

　本件では、管財人団を構成する弁護士の所属事務所が複数にまたがることに照らし、管財人団会議をウェブ会議で行うこととした。

　そして、本件におけるウェブ会議のツールとしては、「Zoom」を利用することとした。

　Zoom 会議のための事前準備は、PC・スマートフォンへのアプリのインストール（ただしウェブブラウザ版もある）、通信環境（Wi-Fi 等）の準備、必要に応じてマイク・イヤホンの準備である。

　Zoom は、無料版の場合、40 分を超えてウェブ会議を継続することができない（40 分ごとにいったん切断されてしまう）ようであるため、管財人は有料版の会員に登録しておくのが便宜であると考えられ、本件においても有料版を利用した。料金は、プランにもよるが、年額 2 万 100 円、年額 2 万 6,900 円、年額 3 万 2,300 円といったプランがあるようである。Zoom 有料会員登録による利益は本件の処理に関するものに留まらないため、本件では、有料会員登録に係る金員は破産財団からは拠出していない。

　Zoom をはじめとしたウェブ会議ツールにより管財人団会議を行うことの、リアル会議と比較した場合の一般的なメリットとしては、会議場所への移動や会議時の身体的接近がなくなることによる感染症リスクの軽減が挙げられる。また、コロナ状況下でないとしても、移動がなくなることで、時間・コストを節約できる。さらに、リアル会議に比べ、モニタ等で PC を確認しやすく、また手元の文献の確認等も容易であるといえる。

　他方、ウェブ会議の一般的なデメリットとしては、通信環境が悪い場合に会議の進行が滞ることや、会議参加者のウェブ会議

ツールの習熟度不足に伴う問題（例えばマイク・スピーカー・カメラの設定の不具合等）を挙げることができる。

3.2　Slack の利用

3.2.1　管財人団の情報共有の必要性

　破産手続開始決定の直前及び直後は特に破産管財人団の情報共有が重要である。本破産管財人団は 10 名の弁護士から成り、全

員が一堂に会することは困難であったため、情報共有のための
ツールとして Slack を利用した。破産管財人及び各破産管財人代
理が Slack において情報をやり取りすることで、適時に情報共有
することができた。

3.2.2　Slack の特徴

Slack とはいわゆるビジネスチャットアプリである。PC 用ア
プリ、Web ブラウザアプリ、スマホ用アプリ等で使用できる。
チャットはメール（メーリングリストを含む。以下本項において同
じ。）と比較して一般的に情報の送受信が手軽であり、投稿がタ
イムラインで表示されるため前後の投稿の確認が容易である。

一般に、チャットやメールでは、事件が進行していくにつれて
蓄積する情報の量が増えるため、過去の情報の整理が煩雑になり
やすいという課題がある。特に、複数のテーマについての議論が
なされている場合は、情報の情報の整理に一層の手間がかかる。
Slack は、メンバー間で複数のチャンネル（チャットルーム）を簡
単に作成できる機能により、こうした課題に対応しているといえ
る。適切にチャンネルを作成し、各人が適切なチャンネルに投稿
を行うことで、事後的な情報の整理の手間が軽減され、かつ、情
報受信時にも当該情報の文脈・趣旨を理解しやすくなる。

3.2.3　Slack の活用方法等

前述のチャンネル機能を有効活用すべきである。当管財人団は、
「会議日程」、「現場状況」、「債権調査状況」、「申立代理人との連
携状況」、「○○について」、「雑談」等といった専用チャンネルを
作成した。これによって目的の情報に素早くアクセスすることが
でき、事件処理の速度が向上した。

また、管財人会議の議事録を Slack に記載しておけば、会議に参加できなかったメンバーも進行状況を把握しやすくなる。そのほか、資料のデータを Slack 上にデータを保存することで破産管財人団での共有が容易になるし、Zoom 会議やグーグルスプレッドシートの URL を貼付することで複数のアプリのハブとして使用することもできる。

　当破産管財人団では、Slack に1日1回ログインして連絡事項を確認することをルールとした。なお、スマートフォン用のアプリをダウンロードして通知設定を行えば、スマートフォンに通知を表示することもできるため、連絡事項の見落としの防止に役立つであろう。

　必ずしも Slack である必要はないが、複数のメンバーが参加する案件ではこのようなツールが非常に有益である。当破産管財人団は Zoom でウェブ会議を行いながら Slack で資料を共有・確認することも多々あり、オンライン上であっても充実した会議が可能であった。

COLUMN　**IT・テクノロジーのリテラシーを吸収するための勉強会の風景**

　本件管財事件の管財人団では管財人が IT の利用に抵抗なく、他の管財人代理も比較的若かったため、IT の利用に支障はなかった。それでもウェブ会議については、管財人所属の事務所で使っているグループウエア、SKYPE、Zoom と変遷したので変えるたびに管財人団はそれに対応することを余儀なくされた。また、情報の共有にはメーリングリスト、グーグルスプレッドシートを使用していたが、管財人代理から Slack の提案があって、早速採用したものの、採用当初は不慣れで書き込みが少なかったが、次第に慣

れて活用されるようになったという印象である。こうした IT を利用するために格別の勉強会は開かれなかったが、管財人会議の折に便利な機能とか利用のコツについては共有されていった。例えば、Slack ではスマホのアプリを使うと新規の書き込みがなされたときには通知が来るので見落とさないとか、スマホの通知設定で、Slack の通知を許可しておく必要があるとかである。

3.3　グーグルスプレッドシート

3.3.1　グーグルスプレッドシートとは

　本管財団ではグーグルスプレッドシート（以下「スプレッドシート」という。）も活用した。

　スプレッドシートとは、ウェブブラウザ上で作動する表計算ソフトであり、グーグル社から無償で提供されている。表計算ソフトとしては、マイクロソフト社が提供するエクセルが有名であるが、エクセルがインストールを必要とする有償ソフトであるのに対して、スプレッドシートは、グーグルアカウントを保有していれば誰でもインターネットを通じて、無償で利用することができる。

3.3.2　共同作業に向いていること

　スプレッドシートではオンライン上で複数の人が同時に編集することが可能である。この点は、スプレッドシートの大きなメリットであるといえる。

　本件では、複数の弁護士が役割分担をして業務を遂行したが、現場ごとの進捗を共有するに当たっては、スプレッドシートの同時編集機能が大いに重宝した。具体的には、スプレッドシート上に「現場一覧表」、「会社財産 ToDo」、「一般債権」などのシート

を設けて、各弁護士が進捗等を記入し、毎週1回の管財人会議（ウェブ会議）において、各シートを参照しながら打合せを行った。本件は諸般の事情から現実空間での会議を実施することが困難であったものの、スプレッドシートを利用することにより、各弁護士が、随時、最新の情報を共有していたため、ウェブ会議であっても充実した打合せを行うことが可能であった。なお、スプレッドシートは、自動保存であるため、上書き保存の失念などといったミスを防ぐこともできる。

　他方で、スプレッドシートは、利用するのにネット環境が必要であり、通信状況によって動作が遅くなる可能性がある。そのため、入力作業における機能性だけを考えれば、ネット環境が不要なエクセルの方が便利かもしれない。

3.3.3　PC のディスプレイは、複数ないし大型が便利であること

　前述のとおり、スプレッドシートは、ウェブ会議を行う際に有用であるが、スプレッドシートを参照しながら動画付きのウェブ会議を行うとなると、ディスプレイが窮屈になってしまうことがある。こうした事態は、ディスプレイを複数用意したり、大型の物を用意したりすれば回避することができる。

COLUMN　「スプレッドシート」などの「自動保存」に慣れよう！

　本文で述べたとおりグーグルスプレッドシート、ドキュメントはマイクロソフトのエクセル、ワードと異なり、格別の保存操作が不要である。書き込みをするたび即時にグーグルのデータとして保存される。確かに当初は不安であったが、保存が不要と分

かっていればただ書けばよく、誠に便利である。なお、ワードその他の形式でダウンロードが可能であり、ある時点の版を確保するため、ときどき行っていた。

3.4　グーグルドキュメントの利用

3.4.1　グーグルドキュメントとは

　本管財人団ではグーグルドキュメントも活用した。前述したグーグルスプレッドシートと同様グーグルのブラウザ、つまりchrome 上で、文書ファイルを複数のメンバーで共有して、同時に文書の作成編集ができるサービスである。なお、厳密には、グーグルドキュメントは、グーグルがブラウザ上で提供する、文書作成、スプレッドシート、プレゼンテーション、図形描画のサービスのことである。この項目におけるグーグルドキュメントは、便宜上、そのうちの文書作成サービスのことをいう。

3.4.2　メリット

3.4.2.1　多様な機能

　グーグルドキュメントは、多様な機能が搭載されており、通常マイクロソフト社のワードで使う機能は備えている。管財人団のコミュニケーションのためにメモやコメントを残すことができる。また、音声入力にも対応しているため、タイピングよりも効率的に執筆や編集をすることができる。ウェブなどで会議をしながら、音声入力で記載しつつ、随時共同執筆者による確認をすることも可能となる。

3.4.2.2　ブラウザ上でリアルタイムでの文書確認が可能

　グーグルドキュメントを利用すると、リアルタイムで他メン

バーの作業を確認できる。そのため、修正するごとの文書の往復作業が不要となる。例えばワードにより多人数で1つの書面を作成するような場合は、ある者の担当箇所を修正するごとにファイルをメール送信して、最新版を随時更新していかなければならないものの、グーグルドキュメントはそのような煩雑な手順は不要となる。また、編集されたファイルは随時保存されるため保存ミスがなく安心である。

3.4.2.3　アクセス性

グーグルドキュメントには、時間場所を問わずアクセスすることができる。スマートフォン、タブレットやパソコンからでもアクセスすることができ、ファイルの作成や編集をすることができる。

3.4.2.4　経済性

これらのサービスは無料で提供されており、非常に経済的である。

3.4.3　デメリット

3.4.3.1　変更履歴の確認・反映が面倒

グーグルドキュメントは「提案モード」を使うことで変更の履歴を残すことが可能であるが、マイクロソフトのワードの変更履歴の記録機能に比べてやや使いにくい。大幅な修正をした後クリーン版にする場合には、一括して変更を承諾することができると便利であるが、その機能が盛り込まれていないため、一つ一つ変更を承諾する必要がある。

3.4.3.2　図形挿入時のフリーズ等

デバイスのスペック等にもよるが、グーグルドキュメント上に図形を挿入する場合、ブラウザでの作業であるため、図形を描画

した後に一瞬フリーズしたり動作が遅くなったりする。

3.4.3.3　仕上げ作業の必要性

行数、文字数の設定ができないので、裁判所提出書面にするには別途ワード形式でダウンロードした上で仕上げが必要である。各自のやり方で作業を進めがちになるので、最終段階で、インデントや書式などのスタイルを揃える必要がある。

3.4.4　実際の使用方法

裁判所に提出する管財人の報告書も、グーグルドキュメント上で作成した。

現場や債権調査等について、担当者ごとに報告事項があるため、ワードファイルでやりとりをすると、膨大な量となってしまう。しかし、グーグルドキュメントであれば、そのようなことはなく、追記、修正してもブラウザ上で行えば足りるため、業務効率上非常に有効である。

また、本書の原稿もグーグルドキュメントで作成した。随時執筆項目を追加しつつ担当者を割り振り、また、記載すべき事項を指示することができる。記載事項を確認した者や執筆担当者も、追記すべき事項や疑問点等があればメモやコメントを残すことができるため、確認者及び執筆者ともに大変作業がはかどった（次頁の図参照）。

3.5　グーグルプレゼンテーションの利用

なお、本件管財事件では使用しなかったが、グーグルプレゼンテーションを使うこともあり得た。

グーグルプレゼンテーションは、マイクロソフトパワーポイントと同様、スライドを作るものである。弁護士はセミナーをする

雑記段階での本書原稿

ためパワポを使ってスライドを作ることはあるが、それ以外の用途では通常使わない。しかしながら、ビジネスの世界では企画書、顧客へのプレゼンのほか、アイデアの整理、図解にはしばしば使う。

Zoom のミーティングで現実空間と異なり、ホワイトボードを使えないという点がデメリットになりうるが、弁護士もホワイトボード代わりにパワポを使う習慣ができていれば、上記のデメリットは相当回避できるであろう。グーグルプレゼンテーションも同時に複数人で編集することができるからである。

対象現場の把握の必要性

　工務店破産においては、処理の対象となる現場の網羅的把握が重要である。処理の対象とするべき現場に漏れがあるとそれ自体として適正な破産管財業務になり得ないからである。

4.1　出来高＞未成工事受入金の現場

　処理の対象となる現場は、まず、財団の増殖に資する現場、すなわち、出来高＞未成工事受入金（後述する）の現場である。特に本件のように引継ぎ予納金が乏しい案件においては、配当はおろか、管財人団の報酬（前述のとおり本件は破産管財人団が10名もいた。）すら賄えないという事態にもなりかねないからである。ただし、注意が必要なのは、破産手続開始時において出来高＞未成工事受入金といえるかどうかは、工事代金の支払い条件にもよるが、実際に出来高を算定してみないと分からないということである。なるべく出来高＞未成工事受入金の現場から先に回収のための交渉を進めたいところではあるが、必ずしもそうはいかない。

　なお、現場というと「動いている現場」が想起されるが、申立てのタイミングによっては完成引渡済みで工事代金の最終金の支払いがなされていない場合もある。こうした場合も対象として一括管理するのが合理的であろう。

4.2　出来高＜未成工事受入金の現場

　また、出来高＜未成工事受入金の現場に関しては、財団の増殖に資することはないが、後述するように破産法53条によって解除した場合には、差額返還分が財団債権となるからその金額の確定をしないと手続が終了しえない。よって、この種の現場も対象とすることになる。

　なお、工事請負契約の契約金の支払いを受けた直後に破産手続開始の申立てをしたような場合もありうる。工務店からした場合、こうしたケースを仕掛現場とは呼ばないのが通常と思われるが、施主との交渉が必要となることから出来高＜未成工事受入金の現

場として把握する必要がある。

破産管財事件の ToDo リスト

　今回取り上げた工務店の破産管財事件においては、現場を網羅的に把握することが重要であり、また、現場特有のデータが多くあったため、現場の一覧表を作成した。

　通常の破産管財事件でも処理するべき個々の案件を網羅的に把握することは重要であり、私は財産目録系リストとそれ以外のToDo リストの2種類を作っている。財産目録系リストは法人の貸借対照表、申立書に添付された財産目録等から換価が必要なものをリストアップしたものである。目的物、簿価、時価等も記載し、加工すれば債権者集会において配布する財産目録として使える。他方、それ以外の ToDo リストでは必ずしも財産目録には関係しない事項をリストアップしている。例えば、賃借している事務所の明渡や法人税・消費税の申告、労働者健康安全機構への立替払い制度の利用等である。これらのリストは破産管財業務の進行につれて逐次増補するが、リストアップしたものが全て終われば破産管業務が終了することとなる。

PART5

対象現場の把握の方法

　通常、工務店の破産管財事件において処理の対象となる現場を把握することは容易であろう。しかしながら、前述したとおり、本件破産管財事件においては、代表者は非協力的であり、経理担当者は一切の協力を拒否し、従業員は申立ての1ヵ月前に解雇済という状況であった。そのため、対象現場の網羅的な把握すら思いのほか困難であった。以下、そうした状況のもとで網羅的に現場を把握するための方法について説明する。これら複数のアプローチを組み合わせることで、より正確に対象現場を把握することできるものと思われる。なお、本章の記述は、申立代理人として、申立人に現場一覧表の作成を指示する際の参考になろう（現場一覧表については38頁を参照されたい。）。

5.1 未成工事支出金、未成工事受入金から

　対象現場を把握するには、まず、未成工事支出金、未成工事受入金の各勘定科目明細を参照するのが合理的である。

5.1.1 未成工事受入金

　「未成工事受入金」とは、工事完成前に施主から受領している工事代金等のことである。建設工事は工期が長いため、その代金は、着工時・中間時・工事完成時等、何回かに分割して支払われる場合が多い。工務店が、工事完成前に施主から請負代金の一部を受領したときは、「未成工事受入金」として現場ごとに計上し、工事完成時に売上げに充当される。

5.1.2 未成工事支出金

　「未成工事支出金」とは、工事完成前に支出した工事原価のことである。工務店は、工事期間中は、未完成工事に要した工事原価（材料費・労務費・外注費・経費）を「未成工事支出金」として現場ごとに計上し、工事完成時に、それぞれ経費として処理する。

5.1.3 未成工事支出金等の直近データ

　未成工事受入金と未成工事支出金は、法人税申告書に添付された勘定科目明細に記載されている。未成工事受入金は「仮受金（前受金・預り金）」、未成工事支出金は「棚卸資産」の科目として計上されている。いずれも現場が明記されているので、これらの記載から対象現場を把握することが可能である。

　ただし、法人税申告書の勘定科目明細に記載された金額は、前決算期の期末時点のものなので、期末締め切り後破産申立てまで

の現場の変動は記載されていない。さらに期末時点において未成工事支出金が計上された現場でも、申立時点においてはすでに完成し、全額請負代金を回収済みの場合もある。

［例］令和３年３月６日破産申立ての場合

【令和２年９月30日時点】　申立書添付の確定申告書で確認。
【令和２年10月１日〜令和３年１月31日】
　月次試算表・科目明細を作成ずみ。……経理担当者、顧問税理士から提供を受けて確認。
【令和３年２月１日〜　破産申立日（令和３年３月６日）】
　月次試算表の作成なし。
　会社に残された請求書、領収書、通帳の入出金履歴から確認。
　※例えば令和３年２月末締めの請求書は、まだ破産会社にも到達していない可能性が高い。
　　最終的には後日提出される債権届添付の請求書を確認する必要がある。

　そこで、経理担当者や税理士に確認して最新の未成工事支出金、未成工事受入金の科目明細の提供を受けられればそれによるべきである。ただし、それでもなお破産申立ての直前には経理処理が完了していない場合も多いであろう。本件破産管財事件でもあったが、申立ての直前に施主から契約時の着手金の支払いを受ける

ケースもある。そうしたケースでは施主から取り込み詐欺である
という主張がなされることもありうるので、そのような現場も処
理の対象としてしっかり対応する必要がある。

COLUMN **取り込み詐欺とは**

　取り込み詐欺とは、代金を後払いで支払うとみせかけて商品を
詐取する詐欺の一類型である。詐欺をした者は、商品を処分して
利益を得る。本件の破産の場面では、商品を詐取するという典型
的な取り込み詐欺とは異なるが、破産会社としては破産により建
築工事を続けることができないことを知っていたはずなのに着手
金のみ支払いを受けたのは詐欺と同じだという意味で取り込み詐
欺と主張がなされたのだろう。会社として破産する場合でも、密
行性を保ったまま破産申立てをする場合もあるため、現場レベル
では申立て直前まで通常通り事業を行うケースが存在する。そう
した場合も申立て段階で事業停止日を設ける等して適切にコント
ロールすることが望まれるが、それでも漏れ出てしまう案件はあ
るので破産管財手続において法律に従った処理を適切に行う必要
がある。

5.2　請負契約書から

　工事代金の回収が済んでいない全請負契約書を揃えてもらい、
それで対象現場を把握することも考えられる。通常はそれで足り
るであろう。本件管財事件においても、請負契約書を網羅的に提
出するよう求めたが、網羅的には揃わなかった。別の資料から対
応が必要な現場であることが分かってもその契約書が見当たらな
いこともままあった。施主と代表者との関係によっては、管財人
に知られないように他の施工業者に承継させる場合も皆無とはい

えない。よって、契約書からのアプローチも完全ではないことに留意する必要がある。

5.3　工事台帳から

　工事台帳を取り揃えてもらい、そこから対象現場を把握することも考えられる。

　本件破産管財事件でも工事台帳は作成されていたが、網羅的には提出されず、担当の管財人代理が紙ファイルや共有サーバを探索してようやく確保した。

COLUMN　**工事台帳とは**

　「工事台帳」とは各工事の原価を集計する台帳のことで、工事ごとに材料費、労務費、外注費、経費等の取引明細が全て記録されている。これは後に述べる出来高の把握にも役立つ。エクセルで作成される場合もあるが、専用のソフトウェアやクラウドサービスで作成される場合もある。会社が破産した場合にはインターネットが使えなくなり、クラウドサービスにアクセスできなくなることにもなるため、申立てから一定期間はインターネットやこうしたサービスを維持することが肝要であろう。

5.4　協力業者の請求書から

　後述のように工務店による設計施工の場合には出来高の把握のため、協力業者の請求書を集計する必要がある。複数の現場に関係する業者も多く、その場合には1つの請求書で現場名が明示され、現場ごとに内訳が作られていることがあり、また、現場名が明示されていないときも、会社の監督等が請求書をチェックする際に請求書に現場名を手書きで書き込む場合もある。このような

協力業者の請求書から現場が判明する場合もあった。

5.5　現場一覧表の項目について

(1)　本件は、数多くの建築現場を抱える工務店の破産事件であり、事件処理に当たっては、複数の弁護士が現場ごとに業務を分担することになった。その際に課題となったのは、業務全体の進捗状況を共有して管理することであった。この課題に対しては、オンライン上で同時編集をすることが可能なスプレッドシートを用いて現場一覧表を作成することで対処した（3.3（22頁）参照）。

現場一覧表には、現場ごとに、①「担当者」、②「現場の基本情報」（「略称」「住所」「施主の氏名・連絡先」「現場監督等の氏名・連絡先」等）、③「現場の現況」（「出来高」「代金受領額」「想定業務（回収案件か否か）」等）、④「資料」（現場ごとに「請負契約書」「工程表」「概算資金計画書」などの列を設けて各資料の有無をチェックした。）、⑤「進捗」などの各項目を設けた。

現場一覧表を作成することにより、各弁護士が全体の進捗状況を随時確認できるようになるだけでなく、弁護士間で課題の共有が容易になるため、当該課題について速やかに協議を行うことが可能になった。

このように現場一覧表は、業務の効率化に資するものであるが、その作成にあたっては、スプレッドシートの同時編集機能が大いに役立った。当該機能がなければ、担当者を設けて情報を取りまとめた上で、逐一メール等で各弁護士に現場一覧表を送信するなどといった煩雑な作業を要したものと思われる。

本件のように複数人で業務を分担する場合は現場一覧表を作成して進捗を共有することが望ましいが、業務の効率化のためには、

スプレッドシートのようなクラウド型のアプリを使用するなどして、現場一覧表の作成方法を工夫する必要がある。

⑵　以下では、現場一覧表の各項目について述べる。

①　担当者

担当者とは、破産会社の従業員として各現場を担当していた者のことであり、「担当者」の項目には、監督者やコーディネーターの氏名・連絡先（電話番号等）を記載した。

事件処理にあたっては、担当者の協力を得ることが不可欠であったが、担当者は、前述したとおり破産手続開始申立ての1か月前に即時解雇されていたということもあり、必ずしも協力的な者ばかりではなかった。こうした中で、「担当者」の項目は、各弁護士が担当者の共通する現場を速やかに把握して、当該担当者の協力態度や連絡状況といった情報を共有するのに役立った。

②　現場の基本情報

施主の氏名・連絡先、現場の略称、当該現場に関する資料番号、契約日、着工日等を記載した。

③　現場の現況

出来高、代金受領額、想定業務（回収案件か否か）等を記載するとともに、工事の現況についても記載した。

「現場の現況」の項目により、各弁護士が自らの担当現場と類似する案件を容易に把握することができるため、弁護士間で課題を共有して速やかに協議を行うことが可能になった。

④　資　料

資料の番号を記載することにより、参照しやすいように工夫した。

⑤　進　捗

　各弁護士がそれぞれの担当現場について進捗を記載した。進捗を記載するに当たっては、弁護士間で課題を共有しやすくするため、課題などを具体的に記載するよう心掛けた。

　本件では、毎週ウェブで管財人会議を開催していたが、スプレッドシート上の「進捗」欄を同時に参照しながら報告・協議を行うことにより、効率的かつ充実した会議を実施することができた。

　また、スプレッドシートの同時編集機能が最も効果を発揮したのが「進捗」欄の記載においてであった。各弁護士が随時記載することが可能であるため、進捗状況を取りまとめるなどといった煩雑な作業を省くことができたからである。

COLUMN　**破産管財人、破産管財人代理に求められる「総務的な手際の良さ」**

　破産管財人は弁護士から選任されているが、それは、破産管財人が行う業務には法律的な専門知識が要求されるからである。しかし、破産管財人や破産管財人代理の業務は法律的な専門知識があればそれだけで遂行できるわけではない。具体的に見ると、破産管財業務の中で最も重要なものの1つは財産換価であるが、例えば販売会社が倒産して、その在庫商品を販売するときに必要なのは、法律的な知識とは関係のないノウハウである。不動産にしても、テナントがいるビルを売却するにはテナント対応、建物のハードウェアとしての管理を行う必要があり、より高価に売却するためには、仲介業者の選任、物件によっては入札方式等の採用も検討する必要がある。これらは司法試験に合格し、その後、実務で法律を勉強したことによって得られる能力ではない。破産管財人、破産管財人代理には総務的な手際の良さが求められる。

5.6　現場一覧表が完成したのちの具体的な作業・場所

　以上のような複数のアプローチによって対象現場を把握し、漏れのない管財業務を遂行する必要がある。

　申立代理人の準備の状況によるが、会社の現場担当者（現場監督等）に会社で資料を整理してもらっておいて、管財人団全員で会社に出向き、対象となる現場が確定するごとにその場で担当の管財人代理を決定し、現場担当者と直ちに打合せに入るのが理想であろう。施主との交渉いかんでさらに現場担当者に事情を聞く必要が生じる場合もあるので、現場担当者からメールアドレス、電話番号等を教えてもらうのが得策である。

　また、1人の現場担当者が複数の現場を担当している場合もあることから、現場担当者ごとに破産管財人代理を割り当てるのが効率的に打合せを進める観点からは有益と思われる。

　前述したとおり、本件管財事件では申立の1カ月前に全従業員が解雇されていたため、上記のように管財人団全員が会社に参集することや元従業員と直接面談して事情聴取することはできず、現場担当者と破産管財人代理の対応関係もなかった。しかしながら、必要が生じれば各破産管財人代理が電話等で事情を訊くことはあり、複数の破産管財人代理から五月雨式に事情聴取を受ける現場担当者の負担を考えると、やはり現場担当者ごとに破産管財人代理を割り当てることもあり得たかもしれない。

> **COLUMN　破産管財人と破産管財人代理の職務分掌・有機的協働**
>
> 　本件においては破産管財人代理を9名選任したが、このように管財人代理が多い場合には管財人は個々の案件を直接担当せず、

PART5　対象現場の把握の方法

処理するべき案件の認識、管財人代理への処理の依頼、事件全体の進捗管理、管財人代理からの相談処理等を行うべきと考える。そうしないと管財人が事件処理のボトルネックになり、管財業務の処理が停滞しかねないからである。

　個々の案件をどの管財人代理に担当してもらうかについては、適材適所が望ましい。緻密な分析検討が得意な代理もいれば、必ずしもそうした検討は得手ではないが、混乱した状況にとりあえず飛び込んで事態を収集することに長けた代理もいる。管財人としては、処理するべき案件について予想される事務処理をなるべく正確に把握し、その処理をより的確になしうる代理に担当してもらうということが重要である。

　また、管財人代理は自分が担当する案件を的確に処理することが重要であるが、それだけでなく、他の管財人代理が困っているときに解決策を提案できることは大変望ましい。管財人会議では個々の管財人代理が進捗を報告し、現状の課題等を共有するが、ほかの管財人代理が自己の担当する案件で手一杯の状況においても、他の管財人代理の課題について解決のためのアイデアを提示できると尊敬される。

PART6

出来高の把握・確定

　工務店の破産管財事件において仕掛かり現場の出来高を換価することは最重要課題である。出来高を換価するためには出来高を正確に把握する必要がある。

6.1 注文者が受ける利益の割合に応じた報酬（改正民法634条）

6.1.1 債権法改正の内容

　請負契約においては、仕事の「完成」が契約の目的とされており（民法632条）、仕事の「完成」は報酬支払いに先立って履行しなければならない（同法633条）。

　債権法改正後の民法634条は、仕事の「完成」前であっても、注文者の責めに帰することができない事由によって仕事を完成することができなくなった場合（1号）又は請負が仕事の完成前に解除された場合（2号）において、①請負人がすでにした仕事の結果のうち可分な部分の給付によって（利益性）、②注文者が利益を受ける（可分性）ときは、その部分を「仕事の完成とみなす」とし、注文者が受ける利益の割合に応じた請負人の報酬請求権があるとしている。

　債権法改正前から、判例は、工事全体が未完成の間に注文者が請負人の債務不履行を理由に請負契約を解除する場合において、工事内容が可分であり、かつ注文者が既施工部分の給付について利益を有するときは、請負人は既施工部分については契約を解除することができず、未施工部分についてのみ契約を解除できると解していた（最高裁昭和56年2月17日判決・集民132号129頁等）。

　現民法634条は、判例の考え方を踏まえ、請負人による割合報酬請求を認めたものとされている（筒井健夫＝村松秀樹編著『一問一答 民法（債権関係）改正』（商事法務、2018年）338頁）。

　なお、現民法634条の効果は、既施工部分の解除の制限ではなく、既施工部分を完成とみなすというものであり、厳密には上記判例とは異なっている。これは、上記判例に現れていた考え方

を、可分性及び利益性の要件を満たす既施工部分を完成とみなすという新しい根拠づけにより一般化したものである（松岡久和ほか編『改正債権法コンメンタール』（法律文化社、2020年）873頁）。

一部解除論とみなし完成

　最高裁昭和56年2月17日判決・集民132号129頁は、Y（注文者）がA（請負人・工務店）と建築請負契約を締結していたところ、Aが経営困難のため工事を完成することができないことが明らかとなったため、YがAに対して債務不履行解除の意思表示をした、という事案であった。Aの債権者であるXが、AのYに対する工事代金債権を差し押さえ、取立命令を得た上で、Yに対して当該代金の支払を求めたため、AのYに対する工事代金債権の存否が問題となっていた。

　最高裁は、一般論として「工事全体が未完成の間に注文者が請負人の債務不履行を理由に右契約を解除する場合において、工事内容が可分であり、しかも当事者が既施工部分の給付に関し利益を有するときは、特段の事情のない限り、既施工部分については契約を解除することができず、ただ未施工部分について契約の一部解除をすることができるにすぎないものと解するのが相当である」と判示した。その上で、当該事案では、Y自身が工事出来高が工事全体の49.4パーセント、金額にして691万0590円と主張していることや、Yが既施行部分を引き取って工事を続行し完成させたとの事情が窺えることに照らし、可分性や利益性を審理判断しないままに請負契約の全部が解除されていることを前提とした原判決は、破棄差戻しとなった。

　現民法のもとでは、仮に既施工部分に可分性及び利益性が肯定されれば、YがAに対して請負契約の解除を行っても、既施工部分は完成したものとみなされ（現民法634条2号）、AのYに対する請負代金債権が割合的に存在することとなる（同条柱書）。

既施工部分	可分性及び利益性ありの場合 →みなし完成（現民法）又は解除不可（旧民法） 　→請負人は注文者に対し割合報酬請求可能
未施工部分	

6.1.2 割合報酬請求の要件

　請負人の注文者に対する割合的報酬請求の主な要件は、可分性と利益性であるが（現民法 634 条柱書）、既施工部分について利益があるならば給付は可分と考えられている。そのため、ポイントは既施工部分の給付によって注文者が利益を受けるといえるかどうかである。

　建築請負工事契約については、中途終了の場合においても、他の請負人が引き継いだ上で工事を完成させることができる場合も多いと考えられる。

6.2　設計と施工が分離されている場合

　設計と施工が分離されている場合、出来高の把握は比較的容易である。すなわち、この場合、施工者を決定するに際し、設計者が施主に代わり、複数の施工会社に対し、見積もりを求める。施工会社は、設計図書に基づいて必要とされる人工、資機材の数量を読み取り、それに基づいて工種ごとに明細付きの見積書を提出する。相見積もりの過程では、他の見積もりと比較して単価、数量とも交渉がなされ、内訳明細は次第に精緻となって、最終的に施工者が決まれば、工事請負契約書に設計図書とともに見積書が

工事内訳明細書として合綴され、請負契約の一部となる。

　こうした場合には、現場を見、工程を確認し、この工事内訳明細書を参照することにより出来高の把握は比較的容易である。

COLUMN　**相見積もりに疑義があった場合？**

　施工業者を選定する際、相見積もりがなされるが、相見積もりにおいては、見積もりをする施工者側から、設計図書に関する質問がなされる場合がある。設計図書の記載で明確でない箇所に対する質疑もあれば、設計において一定の仕様が指定されていた場合にそれに代わる VE 提案（Value Engineering（仕様等を含む。）の可否の問い合わせ等もある。正確な見積もりに有益であることはもとより、施主からした場合には、その質問の内容によって施工者側の熱意や技術力を把握することができて、とても有意義である。こうした質疑応答は、表にまとめられ、必要に応じ、あらためて見積のための資料として施工者側に配布する。

　他方、施主側から、見積書を提出した施工者側に対し、見積書の記載事項について質問をする場合もある。例えば他の業者が提出した見積と比較して著しく金額が高い項目がある場合にはその理由を質すことになる。その回答によっては、安い見積を提出した他の業者の見積ミスが判明することもあるし、当該業者に発注をする場合にはその項目について合理的な減額を求めることもありうる。

6.3　設計施工の場合

　これに対し、前述したとおり本件破産会社においては設計と施工が分離されていない、いわゆる設計施工であった。設計と施工が分離されている場合と異なり、請負契約書には上記のような工事費の内訳明細が添付されていないことがある。施主は、通常、

工事代金の総額にしか関心がないし、工事費の内訳明細を作ることを工務店には求めない。他方、工務店としても工事費の詳細はブラックボックスにして内訳明細をみせない方が利益を確保しやすい。そうしたことから設計施工の請負契約では内訳明細が契約書に添付されていない場合がある。そこで本件破産管財事件においては出来高をいかに算定するかが課題となった。

6.4　一級建築士等による査定

　工事費内訳明細書がない場合、一級建築士等による出来高査定をすることも考えられるが（全国倒産処理弁護士ネットワーク編『破産実務 Q&A200 問』（きんざい、2012 年）258 頁）、査定の費用が多額になるため、この方法が採れるのは財団が潤沢にある場合に限られるであろう。本件管財事件は引継ぎ予納金がわずかしかなかったため、この方法には依れなかった。

6.5　協力業者からの請求書を積算

　本件破産管財事件においては、協力業者からの請求書を積算し、これを基準とすることにした。工務店にとって、施主からもらう工事代金は工事原価と利益によって構成される。そして工事原価は、協力会社に支払う工事代金であり、それは協力業者からの請求金額の合計といえる。そこで、本件破産管財事件において出来高は、履行部分にかかる協力業者からの請求金額の合計に一定の利益を加算して算定することとした。

　なお、税理士や経理担当者の協力が得られる場合には後述する未成工事支出金の集計を行うことは有意義ではあるが、施主と交渉して出来高相当の工事代金を回収するには、会社の未成工事支出金の金額を伝えるだけでは足りない。実際にどのような工事が

履行済みであるか、その進捗を証明する必要があるからである。施主との交渉では、協力業者からの請求書（明細付きのもの）を提示することになる。

COLUMN　破産手続における協力業者とは？

　破産管財手続においては破産管財人に、破産財団に属する財産の管理及び処分をする権限が専属しているが、破産管財事件の処理は破産管財人のみで行うものではない。破産管財事件においては様々な協力業者がいる。

　まず、管財人が属する法律事務所の事務職員である。事務職員が担当する業務は多岐にわたる。例えば、管財人口座の開設、債権者への破産手続書類の発送、債権者からの債権届出書の受付、届出事項の債権者一覧表への入力、届出書の整理、破産者宛ての手紙の一次チェック、財産目録の形式整理、債権者集会の資料の準備等である。破産管財事件を常時手がける法律事務所では事務職員が事件を通じて経験を積み、処理が迅速的確になり、管財人とって、管財事件の処理になくてはならない存在である。

　次に、破産管財人代理である。本件においては9人の破産管財人代理を選任したが、1人でやれば、10日かかることも10人でやれば1日で終わる。また、1人でやるよりは複数でやった方が、1人当たりの負担も少ない。大規模な事件、処理するべき案件が多い、複雑な事件においては多数の破産管財人代理が不可欠である。

　さらに、税理士も重要である。1.5.2で述べたとおり（8頁）、一定の規模の破産管財事件では、法人税、消費税の申告納付が必要になるので税理士への依頼は必須であるし、破産手続開始前から破産者の税務申告を担当していた税理士であれば、破産管財業務に必要な情報の提供も期待することができる。必要に応じ、もと社員への源泉徴収票の作成も依頼できる。

　加えて、不動産を売却する際には不動産仲介業者、自動車の処分には自動車ディーラー、事務所の明渡しには各種廃品回収業者等の協力を求めることになる。

6.5.1 　積算するべき請求書について

6.5.1.1 　出発点となるべき請求書

　現場の出来高を積算する際に必要な請求書は、施主との契約内容によるが、設計施工の場合には設計開始以降の請求書を確認することになろう。解体費、地盤調査費、設計監理料が含まれる場合もあるので、それらが行われたであろう時期の請求書を確保する必要がある。現場担当者であれば、その時期は容易に分かる。その時期を経理担当者に伝えれば、経理担当者は目的の請求書を簡単に確保できるであろう。残念ながら本件破産管財事件においてはこの作業において現場担当者の協力も経理担当者の協力も得られなかった。そのため、申立代理人と管財人団とで支払済みの請求書の在処を探索し、その中から当該請求書を見つけるほかはなかった。ただし、対象とするべき現場のうちで受注時期が最も早い現場の最初の請求書を発見すれば、それ以降の請求書を全て入力することになるので全ての現場について設計開始時の請求書を探索する必要はない。請求書に欠落がなく、かつ、入力漏れもない限り、どこかで認識されるはずだからである。

6.5.1.2 　支払済みの請求書、申立時未着の請求書も必要

　この出来高の算定においてはまず、すでに支払済みの請求書を確保する必要がある。

　次に、未払いの請求書も確保する必要があるが、未払いの請求書には、すでに会社において支払い予定に振り分けられているものもあれば、申立前後の混乱によって協力業者から請求書が郵送されているにもかかわらずまだ開封されないままになっている場合もあろう。また、申立直前まで現場が動いていた場合には、それに関わった協力業者の請求書は申立時には当然発行されていない。通常、月末等で締め切って請求するからである。

6.5.1.3　本件破産管財事件における処理

　前述したところからすれば、協力業者からの債権届出を待って全ての請求金額を積算の上、施主に一括して請求することもあり得たが、本件破産管財事件では早期の解決のため、上記の申立時に発行されていない請求書の積算は一旦留保して施主との交渉を開始することとした。破産債権の届出期限は破産手続開始から1か月程度後であるため、その時点から交渉を開始したのでは遅いと考えたからである。

　実際には、支払済みの請求書、破産者において保有する未払いの請求書を積算し、未発行の請求分については施主との交渉においては後に追加される場合があることを留保して臨んだ。実際、未発行の請求書分の出来高として最終的に数百万円も追加して請求したケースもあり、円滑さを欠く交渉があったことは否めない。

6.5.1.4　どの現場の請求書か

　出来高の集計にとって重要なことは、どの現場に関する請求書であるかを正確に把握することである。工務店は1つの協力業者

PART6　出来高の把握・確定

51

に対し、複数の現場を請け負わせている場合がある（むしろ多いというべきであろう。）。現場の収支、未成工事支出金を把握する目的で工務店は協力業者に対し、どの現場に関する請求かを明確にするように求めているし、協力業者も現場の収支、未成工事受入金を把握する目的で請求書に現場名を記載している。よって、請求書には現場名が記載されているのが通常である。そこで現場名を確認することが重要である。

COLUMN **協力業者の請求書はバラエティに富んでいる**

　なお、協力業者の請求書の様式はそれぞれ異なり、経理処理を電子化している業者もあれば、未だに請求書を手書きしている業者もあり、当該請求書の現場名を把握するにあたっては思いのほか苦労した。まれに現場名の記載がないケースもあった。また、同姓の施主の現場もあり（例えば「鈴木邸」）、当該請求が鈴木一郎邸のそれか、鈴木花子邸のそれか、不明の場合もある。そうした場合には、当該請求書の職種と各現場のその時点における工程を照らし合わせるなどして、どの現場の請求書であるか慎重に確認する必要がある。

6.5.2　請求書の PDF 化、一覧表への入力

6.5.2.1　請求書の PDF 化

　こうして集めた請求書は全て PDF 化した。本件破産管財事件において入力の対象となった請求書は約 1,100 枚であった。

　施主に対し、出来高を立証するために当該出来高にかかる請求書を提示する必要があるが、紙の状態では必要な請求書をピックアップするのはおよそ不可能である。また、前述したとおり、1つの請求書には複数の現場の工事費が計上されていることがしば

しばあるため、現場ごとに請求書を分類することもできないからである。

PDF 化した結果、破産管財人団全員が全ての請求書をそれぞれ保有することができた。これにより施主に対し出来高を証明する際、各自の手元において必要な請求書をピックアップすることが可能となった。なお、請求書には他の現場の金額が表示されている場合もあるので施主に呈示する際にはそれをマスキングして呈示した。

6.5.2.2　一覧表への入力

PDF 化した請求書は、前述したグーグルスプレッドシートに以下の項目を用いて全て入力した。

入力担当、チェック担当、番号、PDF のグループ、ページ数、業者名、職種、請求日、現場名、金額（税抜き）、金額（税込み）、コメント、監督名である。

「入力担当」には、請求書を見て一覧表にデータを入力した人の名前を記載する。一覧表へのデータ入力は本件破産管財人事件においては申立代理人、申立人代理人の事務所の事務職員、破産管財人団、破産管財人の事務所の事務職員が行った。その氏名を記載する欄である。

「チェック担当」には、請求書と一覧表のデータを照合した場合に照合した人の名前を記載する。入力作業を行った者は、いずれもこうした協力業者の請求書を日常的に扱う経験がなかったこと、手書きの請求書も多数あったことから、現場名を読み間違えたり、入力を間違えたりすることも避けられなかった。そのため現場を担当する管財人代理が請求書と一覧表を照合するという作業が必須となった。

「番号」は、請求書の通し番号である。

「PDFのグループ」には、請求書をPDF化する際のひとまとまりを表す名前を記載した。請求書を確保する都度PDF化を進めていったため、そのような分類をした。

　「ページ数」とは、各PDFのグループにおけるページ数である。施主に請求書を呈示する際には現場名でソートするが、その際、請求書の所在を明らかにするためである。

　「業者名」とは、請求書の作成名義である。意識的に正式名称を記載した。例えば株式会社であれば商号とともに株式会社を記載するようにした。これは後に協力業者ごとにソートをかける場合の便宜のためである。

　「職種」とは、仮設、木工、水道、電気等、当該工事における工種である。工事の進捗を確認するため欄を設けたものの、実際には使わなかった。

　「請求日」とは、請求書の発行された日付である。

　「現場名」とは、請求書に記載されている現場名を表示するための欄である。この一覧表は現場ごとにソートして請求書を集めることを目的としていたため、最も重要なデータである。もっとも現場名は協力業者によって予め請求書に印字したり、手書きされたりする場合もあれば、その記載がなく、工務店の監督が請求書をチェックする過程で記入した場合もあった。手書きで書かれている場合が多く、判読に苦労した。また、同姓の施主がおり、同じ現場なのかそれとも別の現場なのか、現場の担当者や会社の経理担当であれば容易に判別することが可能であるが破産管財人団においてはその判別が極めて困難であった。当該職種と工程との関係から現場名を推測することもあった。

　「金額」については、現場ごとの小計が請求書により税抜き表示と税込表示と混在していたため併記することとした。

「コメント」という欄は入力者において気が付いたことを書く欄である。

「監督名」という欄は請求書に監督のシャチハタ印が押されていることがあったため記載することにしたものである。当該請求書について監督に照会するべき事項が生じた場合に有益である。

COLUMN　ソートの効用

　破産管財業務においては財産目録系のリストとそれ以外のToDo系のリストを使っていることはすでにご紹介した（31頁）。いずれもスプレッドシートを使ってリストを作っているが、一番左には「済」を記載する列を設けている。財産目録系のリストであれば、1つの換価対象を売却し、その代金を回収すれば「済」である。処理が進むごとに「済」でソートをかけ、未済の案件を集め、残務を確認する。「あと少し」となると処理が速くなる。膨大なリストも1つひとつ処理すればいつかは全部「済」にできると信じて頑張る。

6.5.2.3　債権届に添付された請求書データの入力と再集計

前述したとおり、協力業者からの請求は、月末締めでなされることが通常であるから、破産手続申立時には会社に届いていない請求書もある。他方、債権届に添付された請求書は当該債権者が破産者に対して有する全ての債権を網羅していることが通常であるから、債権届出に添付された請求書にもあたることで、出来高の対象となる協力業者の請求書を全て網羅することができる。そこでこの一覧表にもこの請求書のデータを取り込むのは合理的である。具体的には債権届が提出されるたびに請求書を集計した一覧表にも債権届出番号と業者名を入力すれば良い。そして当該債

権の担当者が債権届に添付された請求書とこの一覧表に計上された請求金額を照合し、特に申立直前に近いところの請求書に漏れがないかを確認する。そして漏れがあった場合には当該請求書の内容を一覧表に追加入力する。改めて現場名でソートをかけて集計し直せば正確な出来高を把握することができる。

なお、前述したとおり、出来高にはすでに支払済みの請求も含まれるので債権届に添付された請求書では足りないことはいうまでもない。債権届に添付された請求書の確認は申立直前期の出来高を拾うために行うものである。

6.5.3　検　証

このようにして当該現場の請求書の金額を合計して出来高を算定するが、請求書が漏れている可能性も否定できない。そこでこの数字の確からしさを別の角度から検証する必要がある。例えば税理士が作成した未成工事支出金の勘定科目明細との比較、あるいは現場台帳に計上された原価の合計額との比較が考えられる。

本件破産管財事件においては初期の段階では、税理士の報酬となる原資が乏しかったことから税理士に対して未成工事支出金の勘定科目明細の提供を求めることができなかった。また、現場台帳の存在についても初期の段階では判明していなかったのでその比較もできなかった。やむなく各現場の担当者や監督に対して直感的な出来高を確認してみたが、基本的には現場の担当者や監督は正確な金額までは把握できていなかった。

6.5.4　経費、利益について

本件破産管財事件においては、前述の協力業者の請求金額の合計額の 10%相当額をもって、工務店の経費、利益とした。後述

するように施主との出来高相当額の支払交渉においては工務店が破産している以上工務店の利益は計上するべきではないとの反論がなされた。しかしながら、出来高には工務店の現場監督の給与や販売管理費等が含まれることは明白であることから経費・利益として10%の請求をした。

6.6　税理士の協力援助

　工務店が決算・申告業務を税理士に依頼している場合は、税理士が過年度及び直近の経理資料を保有していると考えられるので、税理士に協力援助を要請するとよい。破産会社（申立代理人）において経理資料を整理できていない場合や、破産会社の経理担当者の協力が得られない場合には特に有効となる。
　破産手続の中で売掛金や出来高の回収が見込まれる事案においては、消費税の申告も必要となるので、税理士に清算事業年度の申告業務を依頼する前提で、資料提供等についても協力を依頼す

ることが考えられる。総勘定元帳の印刷は大変な負担であるが、通常の会計ソフトではPDF出力が可能であるから、PDFで提供してもらうのが合理的であり、税理士の負担も少ない。

　なお、破産管財人が税理士に申告業務を依頼する場合には、財団から税理士報酬を支払うこととなる。本件においては予納金が乏しく申告業務を依頼できる可能性が低いと思われたことから、当初は協力援助を依頼していなかったが、資料の効率的な収集等の有益性に鑑みると、破産管財人において税理士報酬を最終的に負担することとなっても申告業務を依頼するつもりで当初から税理士に協力を要請すればよかったと思われる。

COLUMN　**税理士が保有している可能性のある資料**

　税理士が保有している可能性がある資料には、次のようなものがある。
- 総勘定元帳（過年度分）
- 月次試算表（直近のデータ入力がなされている可能性あり）
- 売上、未成工事受入金の請求書（入金済みのもの、請求済みで未入金のもの、未請求のもの）
- 買掛、未成工事支出金の請求書（入金済みのもの、請求済みで未払いのもの）
- 売掛金（工事完成後、未回収となっている工事代金等。決算書にも記載があるが、その後の直近のデータを保有している可能性がある）

6.7　現場台帳

　通常、会社では現場ごとに粗利を把握するため、現場台帳を作

成している。現場台帳には各専門協力業者、材料業者等の請求が計上され、工事の進捗、協力業者からの請求、施主からの入金に際して逐次更新される。請求書の積算漏れの確認に有効であるので、会社に対し開示を求めるべきである。

6.8 写　真

6.8.1 証拠としての写真の有用性

　出来高の立証には工事中の写真も有用である。現場の写真は、一見してどのような作業がされたか、少なくともどの程度まで作業が進められていたかを把握できるから施主との交渉において、現場の写真を提示すれば出来形についての争いは大枠において解消される。よって、工務店の破産管財事件において出来高の換価のためには、工事中の写真を確保することは必須というべきであろう。

COLUMN　**現場の写真**

　なお、本件においては、基礎が出来上がっている写真があるのに、基礎工事は未着工であると主張する施主がいた。施主が虚偽説明をしているものと思い、その写真を施主に送付したところ、施主から、スマートフォンで撮影したという基礎工事のなされていない写真が送付されるとともに、基礎工事は不備が発見されたためやり直すことになったとの説明がなされた。そこで、この現場を担当していた元社員に確認したところ、確かに基礎工事は一度行ったが、やり直すことになったため基礎を撤去し、そのタイミングで破産申立てとなったとのことであった。施主と破産会社の元社員が口裏合わせをすることもあり得ることから、念のため、基礎のない写真の撮影日を確認することとし、スマートフォンの写真アプリでその写真を表示した状態でのスクリーンショット

（スマートフォンの写真アプリでは撮影日が画面に表示される。）を提供してもらった。その結果、当方が保有する、基礎工事の写真の撮影日、施主が撮影した、基礎がない写真の撮影日、破産手続開始申立日において施主の説明に合理性があることが確認できた。工務店が保有する現場の写真よりも出来形が後退することは極めて稀であるとは思うものの、現場の写真に関するエピソードとして紹介する次第である。

6.8.2 写真の保存場所

　通常の破産管財事件においては、申立代理人に工事現場の写真の提供を求めれば、破産者代表者を通じて現場担当者から写真の提供を受けられるであろう。しかしながら、前述したとおり、本件破産管財事件においては、代表者が非協力的であり、申立の1ヵ月前に全従業員が解雇されていたこともあって写真の保存場所はただちには分からなかった。幸い申立代理人が共用サーバーを完全にバックアップしていたのでその提供を受け、「＊.JPG」で全ファイル検索をして膨大な工事写真を発見したというのが実態である。

　通常、現場の写真は、現場監督の個人パソコンのほか、共用サーバーの共有フォルダにおいてデジタルデータで保存されている場合が多いように思われる。共用サーバーに保存されているデータの内容を確認する必要はあるが（個々のクライアントのデータがサーバーにバックアップされているか等を含め。）、サーバーのデータの確保は重要である。また、サーバーのデータ内に写真フォルダがなかったり、写真ファイルがなかったりしても、事務所に残された資料に現場状況の写真が添付されていたりすることもある。資料の確認の際に、つぶさに確認することを推奨する。

6.9　現場ごとのファイル、共有フォルダのデータ

　本件破産管財事件では、従業員の協力が得られなかったため、膨大な量の現場資料や、サーバー内のデジタルデータを精査する必要があった。

6.9.1　現場ファイル

　通常、工務店においては、現場ごとに紙媒体でのファイルが作成されている。ファイルには、設計図面、建築確認済証、納品書等、請け負った業務がどの段階まで進んでいるか把握できる資料などが綴られており、出来高の算定に参考となる。管財人は、これらの資料や現場監督等の意見を参考にして、より正確な出来高を把握することが可能となる。

　現場ごとのファイルには、現場状況の把握に役立つ資料として、平面詳細図、保険関係資料、住宅瑕疵担保責任保険法人の住宅瑕疵担保責任保険に関する資料（8.8（138頁）参照）、打合せメモ、議事録、担当者の備忘メモ等が綴られていることがある。打合せメモや議事録から、施工の経緯が判明する場合もあろう。施工方法が変更されたり、変更によって完工引渡しが遅れていたりした場合、施主に対して説明をすることが必要になるところ、メモ等によって、施工方法変更の必要性や合理性、完工引渡しの遅れた理由や原因を把握することが可能となる。

　よって、工務店の破産管財事件においては、申立代理人また代表者に対し、現場ごとに作成された紙媒体のファイルの提供を求めるか、本件のように協力が得られなければ、事務所でそれらを探索することになる。

6.9.2 共有フォルダのデータ

通常、工務店においては、個々の現場の営業担当、監督が、それぞれのパソコンにおいて現場ごとにフォルダを作り、必要な情報を集約しているものと思われる。社員等の協力が得られれば、それにより、協力が得られなければ、現場名等で全ファイルを検索するとよい。

COLUMN　HDD か SSD か

　通常、社員が作成したデータはサーバーに格納されているため、そのデータを確保するのが有用である。工務店の規模にもよるものの、通常、データ量が相当多い場合があるため十分な容量の HDD や SSD を準備すべきである。HDD よりも SSD の方がコピー速度が速いため、容量が十分であれば、後者でのコピーをお勧めする。このデータのコピー作業は、長時間かかる場合もあるため、工務店の状況把握をしに行った際には、まず、データのコピー作業に着手して、並行して、それ以外の作業を進めることを推奨する。可能であれば、ネットワークが分かる専門業者に依頼するのが得策である。本件は、申立代理人がサーバーを HDD にコピーしていたため、HDD を借り出して、HDD 内のデータをコピーすることができた。

6.10　設計業務の出来高

本件破産管財事件における工務店の受注方式は設計施工であったが、工務店は設計業務を外部の設計事務所に下請けさせていた。

6.10.1　契約書上、設計料が不明な場合

設計業務の出来高を把握する前提として、設計料を確認する必要がある。ただ、設計施工の場合は、契約書上、設計図書に対応

する報酬額が明らかでないこともある。こうした場合は、当事者間で交わされた資料一切を斟酌するなどして、設計図書の報酬として合意された金額を確定する必要がある。

　本件でも、契約書上、設計図書に係る報酬額が明らかではなかったが、「概算資金計算書」という各工程の代金の概算額が記載された資料が存在したため、同書に記載された設計図書費用をもって、当事者間の合意額とすることとした。これについて、施主から異議が述べられることはなかった。

6.10.2　設計業務の出来高算定

　設計業務に係る出来高をいかに把握するか。前述のとおり、本件破産管財事件における工務店の受注方式は設計施工であったが、工務店は設計業務を外部の設計事務所に下請けさせていた。そこで、工事の出来高と同様、設計業務の出来高についても協力業者（設計事務所）の請求書によって算定することが基本となる。

　しかしながら、設計事務所によっては、工務店が破産した後、工事を引き継ぐ業者の選定やその後の工事監理に関与する場合もあり、そうした場合にはあえて破産した工務店に報酬を請求することなく、施主と新たに契約を締結することもある。このような場合には、設計事務所からの請求書が存在しないため、現場ごとのファイルに綴られた図面等を参照したり、営業担当者に尋ねたりして、設計業務の出来高を算定する必要がある。

　設計の出来高に関する紛争の一例としては、設計事務所からの請求書が存在しない現場において、施主に対し未回収の設計料を請求したところ、施主から設計は未了であり設計料の支払義務は存在しないと反論されることがある。こうした反論に対しては、当該現場の資料を再確認し、照明器具のカタログ等の存否を確認

することが有益な場合がある。というのも、設計は、基本的に基本設計→実施設計（詳細設計）の順に進行するところ、照明器具等の種類や配置が決定するのは、実施設計の最終段階であるため、照明器具等のカタログが存在するということは、設計業務が最終段階にあったことを意味するからである。

　設計の出来高が争点になった場合は、施主に対して請求書や設計図面といった直接的な資料を提出できれば一番良いものの、こうした資料がない場合であっても、前述のとおり、照明器具のカタログなどが有効な資料となることもあるので、諦めずに資料をつぶさに確認することが肝要である。

PART7

未成工事受入金の把握

　未成工事受入金とは、工事完成前に施主から受領している工事代金等のことである。出来高＞未成工事受入金であれば、その差額を回収することになり、出来高＜未成工事受入金であれば、その差額を返還することになるから、未成工事受入金は正確に把握する必要がある。

7.1 　未成工事受入金とは

「未成工事受入金」とは、工事完成前に施主から受領している工事代金等のことである。

建設工事は工期が長いということもあり、請負工事代金は、着工時・中間時・工事完成時等、何度かに分割して支払われる場合が多い。工務店が、工事完成前に施主から請負代金の一部を受領したときは、「未成工事受入金」として計上し、工事完成時に売上に充当される。

7.2 　破産会社における未成工事受入金の把握

破産管財人が工事出来高を把握した後に施主との間で精算するためには、当該施主からこれまでにいくらの工事代金を受領しているのか、すなわち現場ごとの「未成工事受入金」を確定する必要がある。

通常、破産会社（経理担当者）において、現場台帳等の形で現場ごとに未成工事受入金を管理しているので、その提供を受けるとよい。税理士が直近のデータを保有している場合もあるので、税理士から提供を受けることも考えられる。

経理担当者や税理士の協力が得られず、資料の提供が受けられない場合には、破産者の通帳等を精査し、各施主からの入金を全てチェックし入金額を集計するほかはない。現場（＝施主）の数が多い場合には集計だけでも大変な作業となるため、まずは経理担当者や税理士に未成工事受入金の経理資料の提供を求めるのが得策である。

なお、経理資料の提供を受けた場合でも、破産申立直前の入金は未成工事受入金として計上されていない可能性があるので、漏

れがないか、通帳と照合して確認するとよい。万一、施主との交渉の中で金額に齟齬が生じる場合には、施主から支払いの証拠の提出を受けることが考えられる。

COLUMN　**破産会社の顧問税理士**

　中小規模の会社では、通常は顧問税理士に毎年の決算申告業務を依頼しており、そのため月ごとの経理処理を依頼している場合も多いので、顧問税理士が会社の経理書類をまとめて保有していたり、経理状況等を詳細に把握していたりする場合がある。破産会社の中では経理資料が散逸していたとしても、顧問税理士に問い合わせると整理した形で資料を提供していただけることもある。また、従業員の雇用関係（各種届出等）についても、例えば特別徴収にかかる異動届の提出等が破産手続の中で必要となったときなど、顧問税理士に対応を依頼してみることも考えられる。そして、破産会社の確定申告を行う際には、それまで関与していた顧問税理士に依頼できれば、よりスムーズな申告が可能となるだろう。

　したがって、破産管財手続の初期の段階で顧問税理士と連絡をとり、協力関係を築くことができると破産管財業務上もメリットは大きいと考える。

　ただし、破産会社が申立前数ヵ月間顧問料を払わず踏み倒した場合など、顧問税理士から協力を得られないケースもある。また、顧問税理士が代表者と通じて粉飾決算に協力していた場合など、顧問税理士が代表者をかばうなどして正確な情報が提供されないケースもある。

　以上のような点に留意しながら、破産会社の顧問税理士を活用していけるとよいだろう。

PART8

施主との関係

　出来高の把握、未成工事受入金の把握がな
されたのち、ようやく当該現場が出来高＞未
成工事受入金であってその額を回収し得るの
か、逆に出来高＜未成工事受入金であって施
主に対し差額を返還することになるのかが分
かり、交渉が可能となる。

8.1 解 除

8.1.1 概 要

　仕掛り中現場に係る破産者と施主との間の請負契約は、通常は双方未履行の双務契約であるため、破産手続開始決定後、破産管財人は、破産法53条1項に基づいて、破産者の債務を履行して相手方に対しても反対債務の履行を請求する（履行の選択）か、又は解除権の行使によって契約関係を終了させる（解除の選択）かを選択することができる。

　そして、破産管財人が解除を選択した場合には、第1に、破産者から注文者に対する割合報酬請求権が生じ（現民法634条2号）、その額は出来高査定によることとなる。第2に、注文者から破産者に対する原状回復請求権が財団債権として生じ（破産法54条2項）、その額は未成工事受入金の額によることとなる。

　実務上は、契約不適合責任や事故発生時の労災補償の問題などを考慮すると工事続行は困難であることから、解除を選択することが多いとされているところであるが（破産管財の手引204頁）、上記整理に照らせば、個々の現場における「出来高査定額」と「未成工事受入金」の大小関係によって破産管財人の方針も異なり得るとも思われたため、本件破産管財人団は、この点について問題意識を整理・共有した上で対応方針について協議・検討を行った。

8.1.2 解除の法的構成について

　まず、請負人破産の事案における請負契約の解除の法的構成について整理すると、次のとおりである。

　⑴　破産手続開始決定前の解除

請負人破産の事案では、破産手続開始決定時に、すでに仕掛り中現場に係る請負契約が解除されていることがあり得る。例えば、施主が、請負人の工事遅延等から信用不安を察し、未成工事受入金等の回収行動を開始すべく、請負人の債務不履行に基づき請負契約を解除し、その後に請負人について破産手続開始決定がなされた、といったケースである。

　こうしたケースでは、請負契約の締結、解除原因及び解除権行使の意思表示のいずれも破産手続開始決定前に存在しており、解除に基づく原状回復請求権は、「破産手続開始決定前の原因に基づいて生じた財産上の請求権」（破産法2条5項）に該当し、特に財団債権にも該当しないため、破産債権となる。

　⑵　破産手続開始決定後の解除

　①　破産管財人による53条解除

　施主との工事請負契約は、双方未履行双務契約であるため、破産手続開始決定後、破産管財人は、請負契約を破産法53条1項に基づいて解除することができる。

　この場合、施主の破産管財人に対する原状回復請求権の法的性質は破産法54条2項で規律される。破産法54条2項にいう「破産者が受けた反対給付」は、この事案では未成工事受入金であるが、金銭は不特定物であり、破産財団に混入した以上は取戻権は成立し得ず、施主は、その額について財団債権を行使する以外にない（54条2項後半。条解破産法443頁）。

　②　破産手続開始決定後の施主による解除

　破産手続開始決定後に施主から請負契約を解除するとの意思表示がなされることもあり得る。

　第1に、施主の解除権が破産手続開始決定時に未だ発生していなかった場合（解除権発生要件の全部又は一部が破産手続開始決

定時に満たされていなかった場合）は、施主による解除は無効と考えられる。すなわち、債権法改正により、債務不履行についての債務者に帰責事由は解除の要件ではなくなったが（現民法541条、542条）、それでも、破産法53条1項の趣旨等に照らし、破産手続開始決定後の破産者の債務不履行を理由に施主が解除を行うことはできないと考えられるものである（条解破産法422頁は、破産者の相手方が、破産手続開始決定後の破産者の債務不履行を理由とした解除を否定する理由として、破産者の帰責事由がないことだけでなく、破産管財人の選択権を保障する趣旨を挙げている。井上聡ほか「〈鼎談〉改正民法の実務的影響を探る 第2回 債務不履行」NBL1115号（2018年）27〜29頁も参照）。

第2に、施主の解除権が破産手続開始決定時にすでに発生していた場合（解除権発生要件が破産手続開始決定時にすでに満たされており、解除権の行使の意思表示は破産手続開始決定後となった場合）については、施主による解除は有効と考えられる（条解破産法422頁、伊藤387頁）。この場合、施主の原状回復請求権は破産債権となる（破産管財実践マニュアル120頁）。

8.1.3　現場の類型ごとの検討

8.1.3.1　出来高査定額＞未成工事受入金の現場の場合

(1)　請負契約が解除されていない場合について

前述のとおり、仕掛り中現場に係る破産者と施主との間の請負契約は、通常は双方未履行の双務契約であるため、破産手続開始決定後、破産管財人は、破産法53条1項に基づいて当該契約を解除することが可能である。

そして、破産法53条1項の解除を行うと、これも前述のとおり、①破産者に割合報酬請求権が生じ（現民法634条2号）、②注

文者には支払済金員の返還請求権が財団債権として生じる（破産法54条2項）。

「出来高査定額＞未成工事受入金」の現場の場合は、上記①の割合報酬請求権の額が上記②の財団債権の額を上回るため、破産管財人は、請負契約を破産法53条1項に基づき解除して、差額について施主に対して支払を請求するのが通常と考えられる。

(2)　破産管財人以外の者によって請負契約が解除された場合について

破産管財人以外の者によって請負契約が解除された場合としては、次のようなケースが考えられる。

①　破産手続開始決定時にすでに解除されていたケース

「出来高査定額＞未成工事受入金」の現場では、破産者の割合報酬請求権と施主の原状回復請求権とを相殺した後、前者が残る。そのため、破産管財人は、施主から割合報酬を回収する必要がある。

ところで、破産手続開始決定時にすでに施主によって請負契約の解除がなされていた場合、それに伴って、解除原因を構成する債務不履行に基づき、施主から破産者に対する損害賠償請求権が生じていたとの主張を受けることが考えられる。当該損害賠償請求権は、破産手続開始決定時にすでに生じていたものであるから、破産手続開始決定時に割合報酬請求権とは相殺適状にあったこととなり、原則として相殺が許されることとなる（破産法67条1項）。

他方で、破産手続開始決定後に生じた損害賠償請求権については、施主は当該債権を自働債権として相殺をすることはできない。

そのため、「出来高査定額＞未成工事受入金」の現場について、破産手続開始決定時にすでに施主によって請負契約の解除がなされているときは、破産管財人の立場では、当該解除を無効とできた方が、破産財団の増殖には資することとなる。

②　破産手続開始決定時に発生していた解除権を施主が同決定
　　後に行使したケース

　こうしたケースでは、解除原因その他の解除権の発生要件が破
産手続開始決定時に満たされていれば、当該解除は有効と考えら
れる。

　①同様の理由で、破産管財人の立場では、当該解除を無効とで
きた方が、破産財団の増殖には資することとなると考えられる。

③　破産手続開始決定時に解除権が発生していないにもかかわ
　　らず施主が同決定後に解除権行使の意思表示をしたケース

　こうしたケースでは、当該解除は無効と考えられる。そのため、
破産管財人は、仮にこうした解除の意思表示がなされても、当該
解除は無効であるという前提で対応する必要があると考えられる。

8.1.3.2　出来高査定額＜未成工事受入金の現場（「もらいすぎ現場」）の場合

8.1.3.2.1　問題状況

　「出来高査定額＜未成工事受入金」の現場（以下「もらいすぎ現
場」という。）については、問題状況がやや複雑である。

　すなわち、もらいすぎ現場の場合、破産管財人は、請負契約を
破産法53条1項に基づき解除すると、支払済金員と出来高査定
額の差額（いわば「もらいすぎ分」）を、財団債権として施主に支
払わなければならない立場に立たされる。

　また、もらいすぎ現場の場合、施主は請負人に対して前払をし
ており「払いすぎ」であり、請負人からの回収を目的として、破産
手続開始決定の前後を通じ、積極的な法的対応を採っている可
能性も相対的に高く、紛争が生じやすいといえる。

　本件破産管財事件では、もらいすぎ現場が複数存在し、その対
応について、破産管財人団で協議・検討していた。

8.1.3.2.2 結　論

請負契約が解除されていない場合は、破産管財人は、破産法53条1項に基づき、解除を行うべきと考えられる。

破産管財人以外の者によって請負契約が解除された場合は、破産管財人は、事案に応じて対応・処理すべきである。

8.1.3.2.3 理　由

(1) 請負契約が解除されていない場合について

もらいすぎ現場について、本件破産管財人団が請負契約を破産法53条1項に基づき積極的に解除することに不安を覚えていた理由としては、同解除によって破産財団は特に増殖しないにもかかわらず財団債権が増加するという事情が大きかった。

しかしながら、破産者が工事を継続することが不可能である以上、施主から催告（破産法53条2項）がなされれば、破産管財人は解除を選択せざるを得ない（同種事案で破産管財人が履行を選択するのは極めて例外的な場合に限られると思われる。）。

そして、破産法上、催告には期間制限が設けられていないことから、手続終結が差し迫った段階で施主から催告がなされると、破産債権及び財団債権の額が変動し、手続の安定が害されるのみならず、事務処理コストも増大する。

また、論理的な可能性としては、破産管財人が合理的理由なく双方未履行双務契約を解除せずにいた場合、施主が破産管財人が履行を選択したものと主張する可能性はあり、その主張が認められれば施主の履行請求権が財団債権となり（破産法148条1項7号）、その金銭評価次第では解除を選択した場合よりも財団債権が多額となってしまう可能性もないわけではない（破産法148条3項、103条2項1号イ）。

なお、施主の解除権が破産手続開始決定時にすでに発生してい

た場合において、まだ施主が当該解除権を行使していないときは、もし施主が当該解除権を行使すれば、施主の原状回復請求権は破産債権となるため、破産管財人が自ら破産法53条1項に基づき解除を行う場合よりも破産財団の増殖には資することになる。しかしながら、施主が解除権を行使するかどうかを破産管財人がコントロールすることはできない。

以上によれば、破産管財人は、請負契約が解除されていない場合、それがもらいすぎ現場であっても、破産法53条1項に基づいて解除を選択することが合理的と考えられる。

解除後は、破産管財人は、出来高の把握が完了した段階で、財団債権の額等について施主と和解交渉をすべきであろう。

(2) 破産管財人以外の者によって請負契約が解除された場合について

「出来高査定額＞未成工事受入金」の現場の場と同様、次のようなケースが考えられる。

① 破産手続開始決定時にすでに解除されていたケース

こうしたケースでは、当該解除が有効であれば、施主の原状回復請求権は破産債権となる。そのため、破産管財人の立場では、当該解除を有効とできた方が、破産財団の増殖には資することとなる。

② 破産手続開始決定時に発生していた解除権を施主が同決定後に行使したケース

こうしたケースでは、解除原因その他の解除権の発生要件が破産手続開始決定時に満たされていれば、当該解除を有効と扱ってよいと考えられる。当該解除が有効であれば、施主の原状回復請求権は破産債権となる。そのため、破産管財人の立場では、当該解除を有効とできた方が、破産財団の増殖には資することとなる。

③　破産手続開始決定時に解除権が発生していないにもかかわらず施主が同決定後に解除権行使の意思表示をしたケース

　こうしたケースでは、当該解除は無効と考えられる。そのため、破産管財人は、仮にこうした解除の意思表示がなされても、当該解除は無効であるという前提で対応する必要があると考えられる。

8.2　典型的な攻撃防御方法

　以下では、施主との交渉について要件事実の観点から説明を行う。

8.2.1　請求原因（出来高請求）

(1)　破産会社・施主　請負契約締結
(2)　破産管財人→施主　破産法 53 条解除の意思表示
(3)　既施工部分の可分性
(4)　既施工部分の有益性
(5)　相当報酬額

8.2.1.1　請負契約締結(1)について

　対象現場を把握することが出発点となる。①未成工事支出金、未成工事受入金の各勘定科目明細、②請負契約書、③工事台帳、④協力業者の請求書からのアプローチが考えられる。詳しくは「PART 5　対象現場の把握の方法」（34 頁以下）を参照いただきたい。なお、本件破産管財事件では、該当現場について破産者から網羅的には請負契約書の提供を受けられなかったため、必要が生じた場合には施主から提供してもらう心づもりでいた。

8.2.1.2　既施工部分の可分性(3)及び相当報酬額(5)について

　既施工部分の可分性は、既施工部分の相当報酬額が算定可能で

あれば認められると考えられている（岸日出夫ほか「建築訴訟の審理モデル〜出来高編〜」判タ1455号（2019）6頁）。そのため、(3)（既施工部分の可分性）及び(5)（相当報酬額）については、既施工部分の相当報酬額をいかに算定するかがポイントとなる。**6.2**（46頁以下）において述べたとおり、請負契約書に合綴された工事内訳明細書（見積書）の有無などによってその難易度は異なり、一級建築士等による査定も考えられるが、この査定には多額の費用がかかる。本件破産管財事件においては協力業者の請求書によって積算した原価に一定の利益を加算する方法で出来高を算定した。詳しくは**6.5**「協力業者からの請求書を積算」（48頁以下）を参照いただきたい。

8.2.1.3　既施工部分の有益性(4)について

　既施工部分の有益性は、既施工部分が契約の趣旨に則っているかどうか、これを引き継いで当該工事を続行することが可能か又は既施工部分のみで独自の利用可能性があるかという点から客観的に判断すべきとされている（岸日出夫ほか「建築訴訟の審理モデル〜出来高編〜」判タ1455号（2019）6頁）。施主が後継業者により工事を続行することは、既施工部分の有益性を推認させる事情となる。

　本件破産管財事件においては、破産会社と施主間の請負契約に解除後の既施工部分の所有権を破産会社に帰属させる特約があったが、既施工部分の所有権は施主に帰属させるものとして後継業者による工事続行は妨げず、設計図書等も施主に速やかに引き渡すことを基本方針とした。出来高請求が認められる既施工部分の解除は認められない上（最高裁昭和56年2月17日判決・集民132号129頁）、土地利用権のない既施工部分を他に換価処分することはおよそ不可能だからである。後継業者による速やかな工事続

行は、施主にとっても通常合理的であり、既施工部分の有益性について無用な争いを避けることにもなる。設計図書等の引渡しなどに応じることも交渉材料として施主との速やかな出来高精算を目指した。施主との出来高精算の交渉については「**8.1.3.1　出来高＞未成工事受入金**」（72頁以下）を参照いただきたい。

【関連判例】最高裁昭和56年2月17日判決・集民132号129頁

　建物等の工事未完成の間に注文者が請負人の債務不履行を理由に請負契約を解除する場合において、工事内容が可分であり、かつ当事者が既施工部分の給付について利益を有するときは、特段の事情のない限り、既施工部分についての契約を解除することができず、未施工部分についての契約を一部解除できるにすぎないとされた事例

●事案

1　請負人は、昭和46年6月9日、注文者から建売住宅の新築工事を請け負った（本件建築請負契約）。

2　請負人に対して48万7000円の債権を有する債権者（本件債権者）は、昭和46年7月31日、本件建築請負契約に基づく工事代金債権のうち48万7000円（本件工事代金債権）について債権仮差押決定を得た。同決定は、同年8月2日、注文者に送達された。

3　請負人は、昭和46年8月下旬ごろには建築現場に来なくなり、同年9月10日までには全工事を完成することを約しながらこれを履行せず、経営困難により工事を完成することができないことが明らかとなった。

4　注文者は、請負人に対し、昭和46年9月10日、本件建築請負契約を解除する旨の意思表示をした。

5　本件債権者は、請負人に対する確定判決に基づき、本件工事代金債権について債権差押及び取立命令を得た。同命令は昭和46年10月30日、注文者に送達された。

6　本件債権者は、注文者に対し、本件工事代金債権の取立権に

基づき、48万7000円の支払いを求めた。

●判旨

　建物その他土地の工作物の工事請負契約につき、工事全体が未完成の間に注文者が請負人の債務不履行を理由に右契約を解除する場合において、工事内容か可分であり、しかも当事者が既施工部分の給付に関し利益を有するときは、特段の事情のない限り、既施工部分については契約を解除することができず、ただ未施工部分について契約の一部解除をすることができるにすぎないものと解するのが相当である。

8.2.2　抗　弁

8.2.2.1　弁　済

(1)　債務の本旨に合致する給付

(2)　当該給付が当該債務についてされたこと

8.2.2.1.1　債務の本旨に合致する給付(1)について

「PART 7　未成工事受入金の把握」（165頁以下）を参照いただきたい。

8.2.2.1.2　当該給付が当該債務についてされたこと(2)について

　同姓同名の施主からの支払いや同一施主からの別物件にかかる支払もあり得ることから、破産会社と施主間の請負契約で合意された支払日や支払額等に照らして当該施主の当該物件にかかる支払であるかを確認する。なお、建設工事の請負代金は、契約時、着工時、上棟時、完工引渡時などに分けて支払うこととされているのが通常である。

8.2.2.2　相　殺

(1)　自働債権の発生原因

(2)　相殺障害の不存在

(3)　施主→破産管財人　相殺の意思表示

8.2.2.2.1　相殺権と相殺禁止について

　破産法は、破産債権者による相殺を許容しつつ、一定の場合に相殺を禁止している。その制度趣旨は、債権者平等の観点から破産手続開始時を基準として、破産手続開始前に債権を取得した破産債権者の相殺に対する合理的期待を保護しつつ（破産法67条）、危機時期以降に債務を負担した場合（同法71条）や破産債権を取得した場合（同法72条）には相殺に対する合理的期待を有するとは言い難いことから、これらの債権を受働債権（同法71条）又は自働債権（同法72条）とする相殺を禁止することで、破産財団に属する債権が毀損されることを防止して、他の破産債権者との間の平等を保ち、かつ、破産財団に対する債務の現実の履行を確保することにある。

　そのため、(1)（自働債権の発生原因）については、破産手続開始時において破産債権者が破産会社に対して債務を負担しており相殺適状にあることの確認が必要である（破産法67条1項）。自働債権が破産手続開始時において期限付や解除条件付等であっても相殺は可能であり、受働債権が破産手続開始時において期限付や解除条件付、将来債権であっても同様に相殺は可能である（同条2項、なお、破産債権が期限付債権である場合であっても破産手続開始決定時にその弁済期が到来したものとみなされることにつき同法103条3項）。(2)（相殺障害の不存在）については、自働債権及び受働債権についてそれぞれ相殺禁止（同法71条、72条）に該当しないことの確認を必ず行う。なお、危機時期は、支払不能→支払停止→破産手続開始申立て→破産手続開始決定という時系列で深刻化していくものであり、相殺禁止の要件についてもこれらの

危機時期の段階に応じて定められている（支払不能後：各条１項２号、支払停止後：同項３号、破産手続開始申立後：同項４号、破産手続開始決定後：同項１号）。

【破産法】

（相殺権）

第67条　破産債権者は、破産手続開始の時において破産者に対して債務を負担するときは、破産手続によらないで、相殺をすることができる。

2　破産債権者の有する債権が破産手続開始の時において期限付若しくは解除条件付であるとき、又は第百三条第二項第一号に掲げるものであるときでも、破産債権者が前項の規定により相殺をすることを妨げない。破産債権者の負担する債務が期限付若しくは条件付であるとき、又は将来の請求権に関するものであるときも、同様とする。

（相殺の禁止）

第71条　破産債権者は、次に掲げる場合には、相殺をすることができない。

　一　破産手続開始後に破産財団に対して債務を負担したとき。

　二　支払不能になった後に契約によって負担する債務を専ら破産債権をもってする相殺に供する目的で破産者の財産の処分を内容とする契約を破産者との間で締結し、又は破産者に対して債務を負担する者の債務を引き受けることを内容とする契約を締結することにより破産者に対して債務を負担した場合であって、当該契約の締結の当時、支払不能であったことを知っていたとき。

　三　支払の停止があった後に破産者に対して債務を負担した場合であって、その負担の当時、支払の停止があったことを知っていたとき。ただし、当該支払の停止があった時において支払不能でなかったときは、この限りでない。

　四　破産手続開始の申立てがあった後に破産者に対して債務を負担した場合であって、その負担の当時、破産手続開始の申

立てがあったことを知っていたとき。
2　前項第二号から第四号までの規定は、これらの規定に規定する債務の負担が次の各号に掲げる原因のいずれかに基づく場合には、適用しない。
　一　法定の原因
　二　支払不能であったこと又は支払の停止若しくは破産手続開始の申立てがあったことを破産債権者が知った時より前に生じた原因
　三　破産手続開始の申立てがあった時より一年以上前に生じた原因
第72条　破産者に対して債務を負担する者は、次に掲げる場合には、相殺をすることができない。
　一　破産手続開始後に他人の破産債権を取得したとき。
　二　支払不能になった後に破産債権を取得した場合であって、その取得の当時、支払不能であったことを知っていたとき。
　三　支払の停止があった後に破産債権を取得した場合であって、その取得の当時、支払の停止があったことを知っていたとき。ただし、当該支払の停止があった時において支払不能でなかったときは、この限りでない。
　四　破産手続開始の申立てがあった後に破産債権を取得した場合であって、その取得の当時、破産手続開始の申立てがあったことを知っていたとき。
2　前項第二号から第四号までの規定は、これらの規定に規定する破産債権の取得が次の各号に掲げる原因のいずれかに基づく場合には、適用しない。
　一　法定の原因
　二　支払不能であったこと又は支払の停止若しくは破産手続開始の申立てがあったことを破産者に対して債務を負担する者が知った時より前に生じた原因
　三　破産手続開始の申立てがあった時より一年以上前に生じた原因
　四　破産者に対して債務を負担する者と破産者との間の契約
（破産債権者の手続参加）

> **第 103 条**
>
> 3 破産債権が期限付債権でその期限が破産手続開始後に到来すべきものであるときは、その破産債権は、破産手続開始の時において弁済期が到来したものとみなす。

8.2.2.2.2 増加費用との相殺

既施工部分を引き継いで工事を続行する後継業者の工事費は割高となるのが通常である。そのため、請負契約が解除されたことにより工事費用が増加したとして、その増加費用との相殺を主張されることがある。破産法 53 条解除により生じた損害にかかる損害賠償請求権（破産法 54 条 1 項）を自働債権とする相殺の主張であるが、このような相殺を認めない裁判例がある（東京地裁平成 24 年 3 月 23 日判決・判タ 1386 号 372 頁、札幌地裁平成 25 年 3 月 27 日判決・金法 1972 号 104 頁）。

本件破産管財事件においては、増加費用との相殺は認められないことを前提として施主と出来高精算の交渉をした（破産管財の手引 205 頁参照）。増加費用にかかる損害賠償請求権を破産債権として届け出ることは可能である。相殺禁止については他の施主も同様の取扱いとなることや破産債権として届け出ることは可能であること、破産債権の取扱いや届出方法などについて説明を尽くせば、多くの施主は留飲を下げた。希望に応じて債権届出書の書式を送付し、争いのない施主については届出債権の内容を記載した債権届出書を送付して届け出たい内容と相違なければ署名押印等して返送されたいとしてお互いに無用な手数が生じないよう工夫した。

【破産法】

（双務契約）

第53条　双務契約について破産者及びその相手方が破産手続開始の時において共にまだその履行を完了していないときは、破産管財人は、契約の解除をし、又は破産者の債務を履行して相手方の債務の履行を請求することができる。

第54条　前条第一項又は第二項の規定により契約の解除があった場合には、相手方は、損害の賠償について破産債権者としてその権利を行使することができる。

【関連判例】

東京地裁平成24年3月23日判決・判タ1386号372頁

　工事完成前に破産手続開始決定を受けた破産会社の破産管財人が、注文者に対し、請負契約を解除して出来高残額の支払を求めたのに対して、注文者が残工事に要した超過費用相当額の損害賠償請求権との相殺を主張することはできないとされた事例

●事案

1　破産会社（請負人）は、平成23年2月22日から同年6月28日にかけて、注文者から4件の新築工事（東京都、京都市、大阪市中央区、大阪市東成区）を請け負った（本件各請負契約）。

2　破産会社は、平成23年8月31日、東京地方裁判所による破産手続開始決定を受け、破産管財人が選任された。

3　破産管財人は、平成23年8月31日、注文者に対し、破産法53条1項に基づき本件各請負契約を解除する旨の意思表示をした。

4　本件各請負契約に基づく工事の既施工部分の出来高相当額は既払報酬額を控除して合計1746万9965円であり、注文者は、既施工部分を用いて残部の工事を続行した。

5　破産管財人は、注文者に対し、1746万9965円とその遅延損害金（年6％）の支払を求めた。

6　注文者は、平成23年10月13日ころ、破産管財人に対し、

本件各請負契約が解除されたことによって残工事を手配せざるを得ず、超過費用分の 2294 万 0465 円の損害が生じたとして、出来高債権と対当額で相殺する旨の意思表示をした。

●判旨

破産法 72 条 1 項 1 号の規定の趣旨からすれば、破産債権者が自ら新たな破産債権を取得した場合であっても、破産手続開始後に第三者から既存の破産債権を取得した場合と同様に、破産債権者間の平等を保ち、破産財団に対する債務の完全な履行を確保するために相殺を禁止する必要性があるといえるから、同号を類推適用して、相殺は禁止されると解するのが相当である。被告が主張する損害賠償請求権は、原告の破産法 53 条 1 項に基づく解除によって生じたものであり、破産手続開始前には発生すらしていなかったもので、破産手続開始前に被告がこの請求権を取得していたものと同視することはできないし、被告が保護に値する相殺に対する期待を有していたとも認められない。したがって、破産法 72 条 1 項 1 号の類推適用により、被告が、前記損害賠償請求権を自働債権とし、破産財団に属する被告に対する請負報酬請求権を受働債権とする相殺を行うことは許されない。

【関連判例】

札幌地裁平成 25 年 3 月 27 日判決・金法 1972 号 104 頁

破産法 53 条 1 項に基づく解除により生じる破産法 54 条 1 項の損害賠償請求権は破産手続開始決定後に生じるものあるから、これを自働債権とする相殺は破産手続開始決定時において相殺適状になく、破産法 67 条 1 項により許されないとされた事例

●事案

1　破産会社（請負人）は、平成 23 年 9 月 30 日、注文者からひらめ畜養施設建設工事（本件工事）を請け負った（本件契約）。

2　本件契約の約款には以下の定めがある。

ア　注文者は、請負人が次の各号のいずれかに該当するときは、本件契約を解除することができる（39 条 1 項、本件解除条項）。

（カ）41 条 1 項各号の規定（後述の本件破産者解除条項）によ
　　らないで契約の解除を申し出たとき（本件解除事由 3）
イ　本件解除条項により契約が解除された場合においては、契
　約保証金 1039 万 5000 円は注文者に帰属する（39 条 2 項、
　本件違約金条項）。
ウ　請負人は、注文者が次の各号の一に該当するときは、本件
　契約を解除することができる（41 条 1 項、本件破産者解除
　条項）。
（ア）18 条 1 項の規定により設計図書を変更したため請負代金
　　額が 3 分の 2 以上減少したとき
（イ）19 条 1 項の規定による工事の施工の中止期間が工期の 2
　　分の 1（工期の 2 分の 1 に相当する日数が 30 日を超える
　　ときは、30 日）を超えたとき。ただし、中止が工事の一
　　部のみの場合は、その一部を除いた他の部分の工事が完了
　　した後、30 日を経過しても、なおその中止が解除されな
　　いとき
（ウ）注文者が本件契約に違反し、その違反によって契約の履行
　　が不可能となったとき
3　破産会社は、平成 24 年 2 月 28 日、札幌地方裁判所による
　破産手続開始決定を受け、破産管財人が選任された（本件破産
　決定）。
4　破産管財人は、平成 24 年 3 月 15 日、注文者に対し、本件
　契約を破産法 53 条 1 項により解除する旨の意思表示をし、同
　日、注文者に到達した（本件管財人解除）。
5　注文者は、平成 24 年 3 月 15 日、破産管財人に対し、本件
　工事を本件解除事由 3 に該当するものとして、本件契約を解除
　する旨の意思表示をするとともに、本件工事の出来形（本件出
　来高）に相当する請負代金債権（本件代金債権）と本件違約金
　条項に基づく 1039 万 5000 円の契約保証金債権（本件違約金
　債権）を対当額で相殺する旨の意思表示をし、同月 19 日ころ、
　破産管財人に到達した（本件相殺 1）。
6　破産管財人及び注文者は、平成 24 年 3 月 17 日、本件出来
　高を査定して本件代金債権額を 7678 万 7550 円とすることで

合意し、破産管財人は、遅くとも同日までに、注文者に本件出来高を引き渡した。

7　注文者は、第5回口頭弁論期日において、本件相殺1の予備的相殺として、本件代金債権の残部と本件管財人解除に伴う損害賠償債権（本件損害賠償債権）を対当額で相殺する旨の意思表示をした（本件相殺2といい、本件相殺1と併せて本件相殺）。

●判旨

本件解除事由3は、請負人が本件破産者解除条項に該当しない場合において解除を申し出たときは、注文者が契約保証金を取得することを条件として、注文者が本件契約を解除することができること（合意解除の一種）を意味する。破産法53条1項に基づく本件管財人解除は本件解除事由3に該当しない。本件違約金債権が発生したと認めることはできず、本件相殺1によって本件代金債権が消滅したということはできない。

破産法上、破産債権者の相殺権は、同法67条2項の場合を除き、「破産手続開始の時」（同条1項）において、相殺適状にあることを要するものと解されるところ、本件損害賠償債権は、本件破産決定後の事由である本件管財人解除によって発生したものであり（破産法54条1項）、本件破産決定の時点においては、本件代金債権と本件損害賠償債権は、相殺適状になかったといわざるをえない。よって、本件損害賠償債権の存否にかかわらず、被告は、破産手続によらないで、本件損害賠償債権を本件代金債権と相殺すること、すなわち本件相殺2は許されない。

8.2.2.2.3　契約不適合（瑕疵）修補費用との相殺

既施工部分に契約不適合（瑕疵）があるとして、その修補費用との相殺を主張されることがある。契約不適合により生じた損害にかかる損害賠償請求権（民法415条、564条）を自働債権とする相殺の主張であるが、このような相殺は認められる（破産管財の手引205頁参照）。ただし、既施工部分に契約不適合があることと

その損害額（修補費用の相当性）については施主が主張立証しない限り認められない。施主が主張立証しない契約不適合により生じた損害にかかる損害賠償請求権があるとして債権届出書が提出されたとしても破産管財人としては異議を述べることになる（認めない旨の認否）。設計図書等と厳密には合致していない場合であっても、施工上の裁量や誤差の範囲内であれば契約不適合とはいえないという見解（齋藤繁道編著『最新裁判実務大系6　建築訴訟』（青林書院、2017）134頁）や、既施工部分の価値や機能に影響を与えず、施主の要求にも反することがないものは契約不適合とはいえないとする見解がある（齋藤隆編著『建築関係訴訟の実務〔三訂版〕』（新日本法規、2011）323頁）。

> COLUMN **「瑕疵担保責任」から「契約不適合責任」へ**
>
> 　2020年4月1日施行の改正民法では、改正前民法で用いられていた「瑕疵」という用語に代わり、「（目的物の種類、品質又は数量が）契約の内容に適合しない」という言葉が用いられ（民法562条1項・636条等参照）、これを「契約不適合」と呼び、契約不適合があった場合の請負人等の責任を「契約不適合責任」と呼ぶようになった。
>
> 　もっとも、請負契約における「瑕疵」と「契約不適合」は同義と考えられるため、改正前民法下における請負人の「瑕疵担保責任」の解説や判例は、改正民法下における請負人の「契約不適合責任」に当てはめて考えることができる。

　本件破産管財事件においては、施主が主張立証する既施工部分の契約不適合について、破産会社と施主間で合意された設計図書等に照らして契約不適合と認められるか、必要となる工事内容や見積り等に照らしてその修補費用は相当と認められるかを確認した。施主による主張立証としては、後継業者等による該当箇所の

現場写真及びその契約不適合の説明書、当該修補にかかる見積書を提出することが考えられる。現場写真については該当箇所に巻尺をあてるなどしたものを撮影し、説明書については設計図書と比べてどのような契約不適合があるのか、どのような修補が合理的に必要となるのかなどを記載する。施主としても修補費用は安い方がよいのが通常であるが、精算すべき出来高を実質的に減額するため過大な見積書が提出されるおそれがないわけではないことには留意が必要である。破産管財人としては、不審な点については追加説明や根拠資料の提出を積極的に求め、必要に応じて相見積もりをとることも検討する。破産管財人指定の工事業者による相見積もりのための現場確認に非協力的な対応をとることは、それ自体が施主提出の説明書や見積書の信用性を大きく損なう事情となり得る（**8.7**（131 頁）も参照）。

【民法】

（債務不履行による損害賠償）

第 415 条　債務者がその債務の本旨に従った履行をしないとき又は債務の履行が不能であるときは、債権者は、これによって生じた損害の賠償を請求することができる。ただし、その債務の不履行が契約その他の債務の発生原因及び取引上の社会通念に照らして債務者の責めに帰することができない事由によるものであるときは、この限りでない。

2　前項の規定により損害賠償の請求をすることができる場合において、債権者は、次に掲げるときは、債務の履行に代わる損害賠償の請求をすることができる。

一　債務の履行が不能であるとき。

二　債務者がその債務の履行を拒絶する意思を明確に表示したとき。

三　債務が契約によって生じたものである場合において、その

契約が解除され、又は債務の不履行による契約の解除権が発生したとき。

（買主の損害賠償請求及び解除権の行使）

第564条　前二条の規定（筆者注：契約不適合がある場合に係る規定）は、第四百十五条の規定による損害賠償の請求並びに第五百四十一条及び第五百四十二条の規定による解除権の行使を妨げない。

8.2.2.2.4　増加仮住まい費用との相殺

　破産会社と施主間の請負契約で合意された履行期までに完工した建物の引渡しを受けられなかったため仮住まい費用が増加したとして、当該履行期から後継業者による実際の完工引渡日までの増加仮住まい費用との相殺を主張されることがある。破産法53条解除前に生じた増加仮住まい費用については債務不履行により生じた損害にかかる損害賠償請求権（民法415条）を自働債権とし、破産法53条解除後に生じた増加仮住まい費用については破産法54条1項）を自働債権とする相殺の主張と思われるが、このような相殺は破産手続開始決定までに生じた増加仮住まい費用については認められると考える（同法67条1項）。破産手続開始決定後に生じた増加仮住まい費用との相殺については増加費用との相殺を認めない裁判例に鑑みて認められないと考えられる。

　本件破産管財事件においては、破産手続開始決定までに生じた増加仮住まい費用に限り相殺を認めることを基本方針とした。破産会社と施主間の請負契約で合意された完工引渡日については、原則として請負契約書により確認することになるが、施主の希望に応じて工事内容を変更することに伴って工期も変更となる場合がある。工期の変更にかかる事情については、破産会社の賠償責

任に関わり、施主の重大な関心事でもあることから、破産会社と施主間でやりとりされるのが通常であり、メールや打合せ記録、議事録などが残されている場合がある。破産管財人としては、就任後速やかにそのような資料も確保し、破産会社の責めに帰することができない事由があるときは損害賠償請求権が生じないことを踏まえて、最終的に合意された完工引渡日、それまでに完工引渡しできなかった原因について適切に確認する必要がある。なお、破産手続開始決定後に生じた増加仮住まい費用について破産債権として届け出ることは可能である。

　建設工事請負契約においては完工引渡遅滞により生じる損害にかかる賠償額（違約金）を請負代金から出来高相当額を控除した残額×遅滞日数×一定の％とする特約を設けられていることが少なくない。このような特約は消費者契約法や公序良俗等に反しない限り有効である。一定の％について、民間建設工事標準請負契約約款（乙）33条は年14.6％以内、民間連合約款30条及び民間建設工事標準請負契約約款（甲）42条はいずれも年10％とし、公共工事標準請負契約約款55条は政府契約の支払遅滞防止等に関する法律8条の率（令和3年4月時点で年2.5％）が望ましいとしている。違約金の定めは賠償額の予定と推定され（民法420条3項）、これが適用される損害にかかる賠償額は当該金額となるが過失相殺等による調整はあり得る。賠償額の予定であるか否か、その適用範囲などについては基本的には契約解釈の問題であることから契約内容を確認する必要がある。

【民法】

（賠償額の予定）

第420条

3 違約金は、賠償額の予定と推定する。

【民間建設工事標準請負契約約款（甲）】

（発注者の損害賠償請求等）

第42条 発注者は、次の各号のいずれかに該当する場合は、これによって生じた損害の賠償を請求することができる。ただし、当該各号に定める場合がこの契約及び取引上の社会通念に照らして受注者の責めに帰することができない事由によるものであるときは、この限りでない。

一 受注者が契約期間内にこの契約の目的物を引き渡すことができないとき。

2 前項第一号に該当し、発注者が受注者に対し損害の賠償を請求する場合の違約金は、契約書に別段の定めのない限り、延滞日数に応じて、請負代金額に対し年十パーセントの割合で計算した額とする。ただし、工期内に、部分引渡しのあったときは、請負代金額から部分引渡しを受けた部分に相応する請負代金額を控除した額について違約金を算出する。

【民間建設工事標準請負契約約款（乙）】

（発注者の損害賠償請求等）

第33条 発注者は、次の各号のいずれかに該当する場合は、これによって生じた損害の賠償を請求することができる。ただし、当該各号に定める場合がこの契約及び取引上の社会通念に照らして受注者の責めに帰することができない事由によるものであるときは、この限りでない。

一 受注者が契約期間内にこの契約の目的物を引き渡すことができないとき。

2 前項第一号に該当し、発注者が受注者に対し損害の賠償を請求する場合の違約金は、契約書の定めるところにより、延滞日数に応じて、請負代金額に対し年十四・六パーセント以内の割合で計算した額とする。

【民間（七会）連合協定工事請負契約約款】

（履行遅滞、違約金）

第30条

(1) 受注者の責めに帰すべき事由により、契約期間内にこの契約

の目的物を引き渡すことができないときは、契約書に別段の定めのない限り、発注者は、受注者に対し、遅滞日数に応じて、請負代金額に対し年10パーセントの割合で計算した額の違約金を請求することができる。ただし、工期内に、第25条による部分引渡しのあったときは、請負代金額から部分引渡しを受けた部分に相応する請負代金額を控除した額について違約金を算出する。

【公共工事標準請負契約約款】

（発注者の損害賠償請求等）

第55条　発注者は、受注者が次の各号のいずれかに該当するときは、これによって生じた損害の賠償を請求することができる。
　一　工期内に工事を完成することができないとき。
　　5（A）　第一項第一号に該当し、発注者が損害の賠償を請求する場合の請求額は、請負代金額から出来形部分に相応する請負代金額を控除した額につき、遅延日数に応じ、年〇パーセントの割合で計算した額とする。
　　注　〇の部分には、例えば、政府契約の支払遅延防止等に関する法律第八条の規定により財務大臣が定める率を記入する。
　　5（B）　第一項第一号に該当し、発注者が損害の賠償を請求する場合の請求額は、請負代金額から部分引渡しを受けた部分に相応する請負代金額を控除した額につき、遅延日数に応じ、年〇パーセントの割合で計算した額とする。
　　注（B）は、発注者が工事の遅延による著しい損害を受けることがあらかじめ予想される場合に使用する。
　　〇の部分には、例えば、政府契約の支払遅延防止等に関する法律第八条の規定により財務大臣が定める率を記入する。

8.3　工事再開

8.3.1　工事再開に関する管財人の同意の要否（出来高の管理処分権）について

請負契約における仕事の目的物の所有権の帰属について、判例（請負人帰属説）は、材料の提供者を基準に決すべきとする。すなわち、①注文者が材料の全部又は主要部分を提供した場合は、所有権は注文者に原始的に帰属し（大審院昭和7年5月9日判決・民集11巻824頁）、②請負人が材料の全部又は主要部分を提供した場合は、所有権は請負人に原始的に帰属した上で引渡しによって注文者に移転する（大審院大正3年12月26日判決・民録20輯1208頁）。また、③請負人が材料を提供した場合であっても、一定の事情があるときは、当事者間の特約を推認し、所有権は注文者に原始的に帰属する。一定の事情とは、建物完成前に請負代金の全額が支払われていたことなどである（大審院昭和18年7月20日判決・民集22巻660頁、最高裁昭和46年3月5日判決・判時628号48頁。内田貴『民法Ⅱ（債権各論）〔第3版〕』（東京大学出版会、2011年）276頁、中田裕康『契約法〔新版〕』（有斐閣、2021年）510頁）。一般的に、請負人が材料の全部又は主要部分を提供していることが多いと考えられる。また、請負工事は可分であることが多いとされる（破産管財実践マニュアル120頁）。そのため、例外的な一定の事情がない限り、仕掛り中の出来高については、破産手続開始決定時に引渡しがなされていない限り、破産者に所有権が帰属していると考えられる。そして、破産手続開始決定により、破産財団（法34条1項）の管理処分権限は破産管財人に専属する（法78条1項）。

　したがって、請負人が破産した場合、通常は、仕掛かり中の出来高に関する管理処分権限は、破産管財人に帰属することとなる。施主（注文者）は、出来高に関する管理処分権（例えば出来高の所有権）を有さないため、施主が工事を再開するためには、権利者である破産管財人の同意が必要である。他方、破産手続開始決定

時に出来高の所有権が施主に帰属している場合は、例外的に、施主による工事再開について破産管財人の同意は不要である。

　以上のとおりであるため、請負人破産の事案における破産管財人は、破産手続開始決定時における仕事の目的物（出来高）の所有権の帰属について検討しなければならない。所有権の帰属についての特約があればそれによることとなるが、特約がない場合には、出来高について材料の主要部分を提供したのは誰か、また、注文者が材料の主要部分を提供したと評価できるに足る代金を支払ったのか等について調査・検討しなければならない。

　そして、後述のように、工事再開の遅滞による不利益は施主だけでなく管財人にとっても看過しがたいものであることを踏まえると、出来高の管理処分権限が破産管財人に帰属していると考えられる通常の事案であれば、破産管財人としては、以下に述べる点に留意しつつ、施主との間で工事再開について早期かつ円満に合意できるよう交渉を開始すべきといえる。

8.3.2　工事再開の時期について

⑴　早期の工事再開を目指すべきこと

　工事再開が遅れた場合、施主にとっては出来高の劣化やこれに伴う追加費用の発生、協力業者の協力を得ることが困難となる等の不利益が生じる。破産管財人にとっても、出来高の劣化によってその評価額が低下すれば破産財団の減少につながる可能性があり、施主から追加費用分の損害賠償請求があればその対応に迫られることとなる。また、破産管財人による現場の保全には限界があり、工事が再開されない場合には第三者の立ち入り等のおそれもある。

　したがって、工事再開については速やかに破産管財人と施主と

で交渉を行い、できる限り早期の工事再開を目指すべきである。

　⑵　出来高査定との関係

　他方、工事を再開すると、破産手続開始決定時における出来高の証明に支障をきたすおそれがある。

　そこで、破産管財人は、工事の再開の有無にかかわらず、早期に各現場に臨場して写真撮影するなどして破産手続開始決定時における出来高を把握する必要がある。

　出来高を把握する手段としては、破産管財人から現場の工事担当者に指示し、立証が必要な部分について写真撮影をすること等が考えられる。なお、写真撮影等は、実務上、破産手続開始決定前に申立代理人において申立代理人の管理に係る現場である旨を表示する告示書を掲示するとともに行われる場合もあろうし、また、破産手続開始決定後に破産管財人が申立代理人と共同して行う場合もあろう。

　本件破産管財事件では、破産手続開始申立ての約1カ月前に従業員が解雇されていて（元）従業員の協力が得られなかったこと、破産手続開始決定時において現場が都内全域に及ぶことが判明していたにもかかわらず現場の全体像が把握できていなかったことから、出来高査定は極めて困難であった。もっとも、幸いにも破産者の事務所内のハードディスクに、各現場の施工状況を撮影した写真データがあったこと等から、破産手続開始決定時の出来高の査定が全くできないという最悪の事態は回避することができた。

8.3.3　工事再開に関するその他の業務

　施主が工事を再開するためには建築確認済証等の書類が必要になるが、これらの書類は、施主ではなく工務店である破産者が保管している場合がほとんどである。そのため、破産管財人は、施

PART8　施主との関係

97

主に対して必要書類の交付を行う必要がある。

8.3.4　施主が無断で別の工務店に依頼して工事を再開した場合

　工務店の破産によって工事が中断すると、施主が破産管財人に無断で破産者とは別の業者に依頼して工事を再開させることがある。このような場合、施主と破産者との間の請負契約について施主から黙示的に解除の意思表示がなされたと解釈する余地もある（この場合の解除の効果は、解除原因が破産手続開始決定時に存在していたか否かによって異なると考えられる。**8.1.2**（70頁以下）を参照）。具体的な取扱いは事案に応じて破産管財人の合理的判断に委ねられることとなるであろう。

8.4　出来高＞未成工事受入金

8.4.1　任意交渉による回収

　出来高が未成工事受入金を上回ると判断される場合、破産管財人はその差額を施主側から回収しなければならない。この場合に破産管財人が留意すべき点を以下に検討する。

8.4.1.1　任意交渉による回収が望ましい理由

　破産管財人が出来高との差額を回収するにあたっては、訴訟等の法的手続によることは管財業務の長期化を招きかねず、なるべく任意交渉による回収を目指すことが望ましい。ただ、施主はある意味では"破産の被害者"的な立場にいるので、中には感情的になって十分な協議ができない、交渉自体を拒否され連絡が一切とれないといった事態も想定される。そのような場合は速やかに訴訟提起ないし仮差押えに移行することを検討する必要があるが、任意交渉による回収努力と訴訟提起等をするかの見極めは重要で

ある。

　任意交渉による回収は、管財人にとっては管財業務の長期化というデメリットを回避できるうえ、施主にとっても早期に合理的な解決ができるメリットがある。施主側にこのメリットをいかに理解してもらうかが早期解決のカギとなる。電話や書面による通常の支払催告をしても十分な協議ができない、あるいは無視をするなどで交渉自体を拒絶する施主に対しては、連絡がなければ訴訟等法的手続によって出来高の差額分の回収を図ること、及びその法的手続対応がいかに煩雑であるかを、施主が十分に理解できるように分かりやすく記載した通知書を内容証明郵便等で送付するのが有効である。

　なお、出来高請求の法的な整理は、**8.2**（77頁以下）の典型的な攻撃防御方法のとおりである。

8.4.1.2　各施主及び協力業者からの要求への対応

⑴　同時履行の抗弁を主張して出来形の引渡しを拒否できるか

　破産手続開始直後、出来高未払いの施主から「後継の業者で残工事を実施したい。直ちに着工したいので鍵をもらいたい」との要求があった。これに対して、出来高（未払請負代金）全額を支払うまで、出来形を引き渡さず工事着工を認めないと返答して交渉することが可能か、そのような交渉を行うべきかが問題となる（なお、施主が事実上着工してしまうとこれを止めることは難しいと思われる。）。

　この点、本件破産管財事件では、請負契約の特約の内容から出来形所有権は破産者にあると考えられたものの、工事着工が停止されると施主に与える不利益が大きいこと、施主からは一定の出来高の支払いに応じる旨の回答があったこと、未払代金の額の争いになっている場合に出来形全部の引渡しを拒むことはできない

と考えられることなどの理由で、施主に出来形をき引き渡し、工事再開を許可した上で交渉を行うこととした。

本件破産管財事件では、破産手続開始後しばらくしてからに協力会社から新たな請求書が届くなどして出来高を増額した現場もあり、破産手続開始直後に工事再開を交渉のカードとして短期間で決着をつけようとすることにはリスクも伴うものと考えられる。

⑵　破産申立直前まで工事が続けられていた場合の対応

本件破産管財事件では、破産申立時点で未到着の請求書が複数あったため、管財人から施主側に出来高額を提示した後に2回・合計400万円ほど出来高の増額を行ったケースがあった。工事中断直後に破産申立てがなされた事案（＝破産申立直前まで協力業者等による工事が続けられていた事案）では、破産手続開始決定時点において履行済み工事にかかる請求書が未発送となっている可能性があることに注意すべきである。

本件破産管財事件では、管財人において当初請求額が出来高として相当性があるかどうか現場監督に事前確認していたが、現場監督にしても協力業者の請求書を精査しなければ正確な数字を算定することは不可能であり、その確認はあまり有益ではなかった。現場写真と請求書を詳細に照らしあわせ確認すれば、実際の出来高に相応する請求書が見当たらない（例えば、キッチン造作がすでに設置してあるのにその分の請求書が見当たらないなど）といった形で請求書未到着の事実に気づくことができそうではあるが、この作業は非常に手間がかかってしまう。また、継続的に取引のある協力業者では、締め日までの当月分の代金について、翌月に請求書を送付している場合が多い。さらに、破産手続の中で債権届とともに添付資料として新たな請求書を提出してくる場合も多かった。

したがって、施主への出来高請求通知は、出来高算定がある程度目処がたった段階で行うとしても、未確認の請求書がある可能性をふまえて「出来高については現状の金額」との留保をつけること、そして、金額の最終合意は債権届の提出期限まで待って金額を確定した上で行うことが望ましい。

　⑶　後継工事を行う協力業者が当初出来高を減らして施主から直接支払を受けようとするおそれ

　出来高は、管財人において協力業者の請求金額を加算して算出し、施主に対しても協力業者の請求書を証拠として開示した。そうしたところ、施主から「協力業者のＡ社には後継工事を引き続いて実施してもらい、その費用として○○円を支払った。その分は破産者の出来高から控除されるべきであるから減額してほしい。」との要望があった。

　協力業者の請求金額は、破産手続開始時までに実施した分を破産者に請求する（未払分は破産債権として届出される）ものであるから、本来は後継工事にかかる費用分はそこには含まれておらず減額対象とならないはずである。

　もっとも、協力業者に確認すると、未履行分も含めて工事全体の費用を破産者に請求したという会社もあった。例えば、足場業者などは足場工事一括での金額となっており、中途で工事を中断した場合も工事完了までの全額分を破産者に請求しているケースがあった。その場合は、未履行分については出来高に含めることはできないので、施主への請求額からは減額することも合理的である。また、協力業者との契約内容にもよるが、未履行分については破産債権としての届出を取り下げてもらう必要がある場合もある。

　ただし、施主が後継工事代金として協力業者に支払う金額が破

産者の未履行分に等しいのかについては調査が必要である。協力業者によっては、破産債権としては回収が困難であることから、故意に履行部分（つまりは出来高に含まれる部分）を減少させ、その分を未履行分に該当するとして施主から回収しようとする業者もあると考えられる。実際の履行部分がどの程度であるか確認が困難なこともあるが、協力業者の言い分のみで判断するのではなく、現場監督の話を聞いたり、請求の明細を確認するなどして、実際の履行分を出来高に含めるよう（＝不当に出来高を減額することがないよう）留意が必要である。

(4) 設計士からの意見とその対応

ア 設計士等からの意見

破産会社が設計施工をしている場合、設計について協力業者たる設計士や設計会社に委託しているのが通常であるが、出来高交渉の中で施主側についた設計士等から意見書が提出されることがある。その設計士等が監理まで行っている場合は、工事の内容、進捗、経緯などについて詳しく事情を知っていることが通常である。

さらに、破産会社の協力業者たる設計士等は複数ある場合が多く、その一方で同一の設計士等が破産会社の複数の異なる現場で設計を行っていることもある。そのため、同じ設計士等が設計を担当している複数の現場同士で、他の施主との交渉内容等の情報が共有されている場合があり、施主との交渉において注意が必要である。ただ、そうでなくとも、処理の公平性を保つため、同じ状況下では同じ条件を提示することが相当である。

また、設計士等が破産会社を通して監理契約をしていた場合、当該設計士等も破産会社に対する債権者となる。必ずしも敵対関係となるわけではないが、当該設計士等が後続の監理契約を施主

と締結している場合は、意見書の内容も施主に有利な内容となっている場合があるため注意を要する。

　出来高の算定には現場の進捗状況の把握が何よりも大事であるが、現場を担当していた従業員の協力が得られない（得づらい）ことがあり、この点では設計士等の方が情報を持っており詳しい場合がある。

　他方、設計士等は破産手続やその際の法律関係については専門家ではないため、出来高に影響する意見（瑕疵に基づく損害賠償請求等）であるかどうかは見極める必要があり、またそれを説明して理解を得ていくことが必要になる。

　まず、設計士等の意見（主張）の切り分けや分類を行い、分類した事項ごとに、事実関係の確認、法律上の問題点（相殺の可否等）を検討し、交渉をすることが重要である。

　　イ　設計士等からの意見への対応
　設計士等の主張としては以下のようなものが想定される。
①未成工事であるとの主張（大工工事が中途である等）
②部品が納品されていないとの主張（納品がないため工事が未成である等）
③残工事をするために他の業者に請け負わせ余計な費用が生じたとの主張
④瑕疵に基づく損害賠償請求
⑤契約書に基づく違約金の請求
⑥未完成であることから派生して生じた損害の賠償請求（住居の賃料・ホテル代・慰謝料等）
　このうち①から④は、現場や工事の進捗状況、事情に詳しい設計士等から主張されやすいものである。⑤及び⑥は、通常、施主が主張する事項であるが、施主が設計士等を頼りにしていわば施

主の代理人のような立場から主張されることがある。

　①から④について、情報をより多くもっている設計士等から主張があれば、設計士等に客観的な証拠や資料の提出を求め、内容を整理して対応する。想定される具体的な主張内容について以下に検討する。

　①は、大工工事が中途である、内装工事（サッシが取り付けられていない、天井が施工されていない等）などの主張である。設計監理を行っていた設計士等であればこの点をよく把握しており、写真などの客観的な証拠から工事が未成であることが確認できる場合は、出来高において考慮する。ただし、未成の割合は往々にして多く主張されるので、交渉してなるべく出来高からの減額を抑える必要がある。

　②は、破産前後の混乱から納品されているべき部品が納品されていない場合があり、これを理由に出来高の減額を求められるような場合である。まず納品の有無を部品の納入業者に確認することが必要で、実際に納品がされていない場合出来高減額はやむを得ない。この場合、納入業者の債権届も確認し、納品されていない部品について債権届がされていればその部分の取下げを納入業者（債権者）に依頼する。一方で、間違いなく納品されたことが確認できた場合は、現場に部品が存在しないのであれば紛失したことになるが、その紛失の責任が誰にあるか問題になる。この点、部品の保管状況（現場の建物内に施錠して保管していた、外に放置していた等）によるが、通常、現場の管理責任は施工業者にあり、施主側にはないと考えられるので、未納品の部品にかかる工事が完了していないものとして扱い、出来高の減額に応じざるを得ない場合が多い。

　③は、残工事を実施するために他の業者に請け負わせ、当初よ

りも余計な費用が生じたり、予算を超過したりたことによる損害の賠償請求をする場合などである。施主側の設計士等は、後継建築会社においても監理を担当している場合があり、後継業者に請け負わせたことによる超過費用を請求してくることがある。しかし、仮に超過費用があったとしても、その超過費用の損害賠償請求権と破産管財人の出来高請求権とを相殺することは許されないと考えられるので（東京地裁平成24年3月23日判決・判タ1386号372頁）、出来高の減額は認めないとして交渉する。当該損害賠償請求権を破産債権として届け出ることを促すと比較的交渉しやすい。

④は、出来形に瑕疵があることを理由に、その損害賠償として出来高からの減額を求められる場合などである。出来形の瑕疵に基づく損害賠償請求権は、上記③と異なり、原則として相殺禁止には該当しないと考えられている（木内道祥監修・全国倒産処理弁護士ネットワーク編『破産実務Q&A220問』（きんざい、2019年）179頁）。もっとも、瑕疵にあたるか、瑕疵があるとしてその損害がいくらになるか、という点は交渉の余地があり、出来高の減額をなるべく抑えられるよう交渉する。

8.4.1.3 出来高算定に関する交渉での具体的な注意点

(1) 協力業者の「請求書だけでは実際に使われたものか分からない」との主張への対応

施主から「協力業者の請求書だけではどこにその材料が使われたか分からない。実際に使われたか分からないものに出来高など支払えない」と言われることがある。

建設工事に用いられる材料は膨大な数に及び、その一つ一つを特定することは非現実的であり、施工の過程において消費されていく材料もあり、その全てが現物として既施工部分に残っている

ものでもない。

　協力業者の請求書には、売上日、商品名、数量、現場名等が具体的に明記されており、実際に納品等されたものについて請求書が提出されるのが通常であるから、破産管財人としては、設計図書や現場写真、工事の進捗等に照らして協力業者の請求書に不審な点がない限り、協力業者の請求書は実際に納品等されて既施工部分の施工に用いられたものであるという理解を前提として、協力業者の当該請求額は既施工部分を構成するものとして対応することが合理的である。

　本件においては、既施工部分の根拠資料として協力業者の請求書等を提出したにもかかわらず、どこにどの材料が使われたのかを全て説明するよう求める施主に対しては、既施工部分の施工に用いられたものか疑義がある材料の現場写真等の根拠資料と共に具体的に説明するよう求め（あるはずのものが現場にない、不要なはずの材料が計上されている等）、具体的に説明されたものについて確認して説明するなどの対応をした。

　既施工部分の根拠資料として協力業者の請求書等は提出済みである上、施主は後継業者等に確認依頼すれば足りるのが通常であることからすれば、このような対応は施主に過度の負担を強いるものでもないと思われる。

　協力業者の請求書等にもかかわらず施主からの説明等により納品等の事実に疑義が生じたものについては、協力業者に追加立証を求める。納品等の事実を確認できないものについては、既施工部分に含めず、協力業者の当該請求額にかかる債権届出書については協力業者に債権届出取下書の提出を促し、取下書を提出しない場合は異議額と異議理由について異議通知（破産規則43条4項ただし書、破産管財の手引289頁参照）の上認めない旨の認否をする。

(2)　赤字受注のはずだから原価積算による出来高算定はおかしい
　　との主張への対応

　施主から「請負代金が格安だったことから破産会社は赤字で受
注していたはずである。協力業者の請求書等により原価を積算し
て既施工部分にかかる相当報酬額（出来高）を算定すると契約実
態にそぐわない過大な金額となる。」と言われることがある。

　工事進行基準の会計処理をしている場合等には工事台帳等に
よって見積工事原価総額を管理していることがある。これが分か
れば、破産会社が赤字で受注していたかどうかを確認することが
でき、既施工部分にかかる相当報酬額の算定においても極めて有
用な情報となる。

　見積工事原価総額を把握できない場合であっても、施主からの
抽象的な主張のみによって安易に相当報酬額の減額に応じること
は適当でない。

　既施工部分には為すべき施工を全て終えた施工完了部分と為す
べき施工が中途で終了している施工未了部分がある。工種や工事

項目ごとに合意した請負代金額を特定でき、当該工種等について為すべき施工を全て終えている場合、当該施工完了部分については破産会社が赤字で受注していたか否かを問わず当該合意額を請求することができる（赤字であっても当該合意額しか請求することができない）。施工未了部分等についても、施主が「契約実態にそぐわない過大な金額となる」と考える根拠を確認すると、実質的には増加費用との相殺を主張するものである場合や誤解に基づくものである場合がある。

　本件においては、予定工期全体に占める工事中断までの日数で請負代金総額を案分し、協力業者の請求書等により原価を積算すると既施工部分にかかる相当報酬額が当該案分計算額より高額となることから契約実態にそぐわない過大な金額であると主張する施主がいた。

　しかし、既施工部分は日々均等の割合で施工が完了していくものであるという前提に誤解がある。設計施工であれば、現地調査や基本設計、実施設計から始まり、仮設工事、地業・基礎工事、躯体工事を経てようやく上棟となるものであり、上棟までには相応に大きな経費負担を要することが少なくない。上棟までに生じた既施工部分の客観的価値は工事全体に占める割合としても相応に大きなものとなるのが通常であるということである。工事の進捗に応じた支払条件の設定として契約時20％、上棟時30％、引渡時50％が過払いを少なくする設定であるとする見解もあり（（財）北海道建築指導センター『戸建住宅の契約ガイドブック平成23年度〔改訂版〕』(2011) 58頁等参照）、建設工事の請負代金が着工時、上棟時、完工引渡時に各3分の1ずつ支払うものとされることが多いのも上棟までには相応に大きな経費負担を要し、その既施工部分の客観的価値が工事全体に占める割合としても相応に大

きなものとなっているという実情を踏まえたものであると思われる。例えば、上棟して板金・屋根工事も完了し、サッシ等の外部建具工事も概ね入ってサイディング工事中に中断となった場合、予定工期に占める工事中断までの日数にかかわらず、既施工部分を工事全体の 30％ と見積もること（上記施主はこのような施工割合による出来高算定を主張）は通常合理性がないと考えられる。

8.4.1.4　施主からのその他個別の要求事項への対応

⑴　現場に残された施主支給品の引渡しの要請

本件においては、建物に設置する予定の設備機器が、工務店ではなく施主が自ら購入して工務店に支給したものであり、建設途中で破産して工事が中断したことから、その支給した機器等を引き渡してもらいたいという要望を受けることがあった。

このケースでは、支給品を保管していた倉庫は破産申立ての前にすでに明渡済みで、支給品の存否が不明であったため、紛失扱いとし、施主に対する出来高請求権と支給品紛失にかかる損害賠償請求権とを相殺する処理を行うことになった。

破産前は契約関係や事実関係も混沌としており、倉庫（賃貸借物件）の早期明渡しの必要もあることから困難を伴うものではあるが、可能な範囲で支給品の有無やその保管・引渡しをして、財団の減少を少しでも回避できるとより望ましい。

⑵　協力業者の名称を教えてほしいとの要請

本件において工事途中で破産した現場で、施主（又は後続工務店）が協力業者に工事の続行を依頼するために、現場で工事をしていた協力業者を教えてもらいたいとの要望を施主から受けることがあった。

このケースでは、出来高の証拠として、協力業者からの請求書に基づく請求金額の開示を予定しており、出来高の立証のために

協力業者を開示する必要があったことからこの点は特段の問題にはならなかった。しかしながら、本来は施主と協力業者との間には契約関係はなく、施主と関わりたくないと考えている協力業者もいることから、施主が求めている協力業者の工事の種類（水道工事業者なのか内装工事業者なのか仮設工事業者なのか等）を確認して、協力業者の確認を取った上で開示する等の対応が必要な場合もあると考えられる。

⑶　従前の現場監督と連絡をとりたいとの要望

　本件において建設途中で破産した場合で、施主が破産した工務店の現場監督と連絡を取りたいとの要望を受けることがあった。

　このケースでは、現場監督がすでに工務店を退職しており、現場監督の意思確認を行ったところ、施主と直接のやり取りをすることを希望しておらず、法律的にも当時の現場監督に施主と連絡等をする義務はないことから、施主からの要請を断らざる得なかった。施主には質問事項があれば破産管財人側に連絡するように説明をして対応することになったが、この対応が妥当と思われる。

⑷　確認済証・確認申請図書（副本）の紛失

　本件において建設途中で破産した現場で、確認済証の原本を紛失していたことがあった。

　建築工事に着手する前に申請建築物が建築基準法やその他の関連法令に適合しているか否かを審査する手続を建築確認といい、建築確認を申請して建築主事の確認を受けなければ建築工事に着手してはならない（建築基準法6条）。確認済証は、この建築確認を受けた際に交付される書類で、確認申請図書は建築確認の申請に際して提出する設計図書等のことで、施主側で副本を保管することになっている。工務店が施主との間で設計施工で建設工事を

請け負っている場合、通常は工務店又は工務店の協力業者である設計会社等が建築確認の申請を代行しており、建物の完成・引渡時や登記完了後に施主に確認済証と確認申請図書を引き渡すことが多いようである。

　ここで、建築確認を受けてから建物引渡しまでの間に、確認済証と確認申請図書を工務店が紛失した場合、工務店の債務不履行になることは明らかである。

　もっとも、損害の有無については慎重に検討するべきである。確認済証や確認申請図書については再発行を受けることはできないものの、まず、確認済証については建築確認を受けているのであれば、建築計画概要書又は台帳記載事項証明書を取得し、建築確認を受けたことを証明することが可能である。また、確認申請図書については、副本がないとしても、多くのケースでは設計図書を含めて確認申請図書のコピーやPDFデータを保存していると思われるので、施主にこれらの資料・データを提供することで建物の図面を施主に提供することが可能である。

　そのため、確認済証や確認申請図書を紛失した場合でも、施主側に代替手段を提供することで賠償するべき損害を限定するように交渉をするべきと考えられる。本件では、出来高の評価と確認済証の紛失以外の理由に基づく損害賠償請求に関する施主の主張を一部認容することで調整を図った。

【建築基準法】
（建築物の建築等に関する申請及び確認）
第6条　建築主は、第一号から第三号までに掲げる建築物を建築しようとする場合（増築しようとする場合においては、建築物が増築後において第一号から第三号までに掲げる規模のものと

なる場合を含む。)、これらの建築物の大規模の修繕若しくは大規模の模様替をしようとする場合又は第四号に掲げる建築物を建築しようとする場合においては、当該工事に着手する前に、その計画が建築基準関係規定（この法律並びにこれに基づく命令及び条例の規定（以下「建築基準法令の規定」という。）その他建築物の敷地、構造又は建築設備に関する法律並びにこれに基づく命令及び条例の規定で政令で定めるものをいう。以下同じ。）に適合するものであることについて、確認の申請書を提出して建築主事の確認を受け、確認済証の交付を受けなければならない。当該確認を受けた建築物の計画の変更（国土交通省令で定める軽微な変更を除く。）をして、第一号から第三号までに掲げる建築物を建築しようとする場合（増築しようとする場合においては、建築物が増築後において第一号から第三号までに掲げる規模のものとなる場合を含む。）、これらの建築物の大規模の修繕若しくは大規模の模様替をしようとする場合又は第四号に掲げる建築物を建築しようとする場合も、同様とする。

（以下、省略）

(5)　確認済証の引渡しをしてほしいとの要望

　施主から確認済証の引渡しを求められた場合に、これを留置することができるか否かが問題となる。

　確認済証は前記のとおり、建物の完成・引渡時や登記完了後に施主に引き渡されることが多いようであるが、施主との請負契約を解除している場合、破産会社で確認済証を保持する理由はない。

　もっとも、当該施主との間で出来高にかかる報酬が支払われていない場合は、確認済証の引渡しと出来高の支払いを同時履行と考えて交渉することが考えられる。破産会社が工事を続行できない以上、施主側で工事が進められるように協力すべきであるが、出来高に対する支払いがあるまで確認済証を引き渡さないと交渉

することは許されるものと考えられる。

(6) 建物完成後の表題登記のための早期解決の要望

躯体工事が完了し、内装工事の途中の段階で工務店が破産した場合で、破産後の比較的早い段階に施主又は後続施行会社により残工事が完了し建物が完成に至るケースがある。

この場合、施主は完成した建物について表題登記をする必要があるところ、表題登記のためには施主が建物所有者であることを証明する情報が必要であることから、施主側としては、破産した工務店の出来高部分について所有権の帰属と引渡しが完了したことを明確にしておかないと表題登記の手続に障害となる可能性がある。

そのため、施主側も、建設途中で工務店が破産した場合、工務店の破産管財人と協議をして出来高部分の精算と所有権が施主に帰属することを早期に確定させることを希望するものと思われる。工務店の破産管財人としては、施主側が現状で何を必要としているのかを踏まえて出来高の交渉を行うと迅速かつ適切な条件での和解が実現できるものと考えられる。

COLUMN **破産手続と情報の配当**

破産管財人には、破産財団を換価・回収し得られた金員を債権者に配当する役割と共に、債権者が破産手続に参加する機会を保障し、債権者に対して情報の開示を図ること、いわゆる「情報の配当」を行う役割が求められている。債権者集会で破産管財人が債権者に対して破産に至った経緯や財産状況や配当見込み等について説明を行い、質疑応答が行われることも、情報の配当という観点から重要である。破産手続に対する国民の信頼を確保するという観点からも、破産管財人は情報の配当を行う役割があることを意識して事件処理や債権者への対応を行うことが望まれる。

8.4.2 仮差押えによる回収

(1) 回収可能性の検討

施主から「もともと目一杯の予算で組んでおり、増加費用もかかるのに出来高なんて支払うお金がない。住宅ローンの審査結果は申請額より減額されたものだったから追加借入も不可能である。」と言われることがある。

ここで、破産管財人としては次のような対応や確認を行い、回収可能性を検討する。

① 資産及び毎月の収支とそれらの資料の提出を求めること

給与所得者の場合にはボーナス月や退職金制度等がある場合もあるので確認する。仮住まいの家賃等は完工引渡後には生じないため、毎月の収支もそれを踏まえて確認する。

② 施主所有の土地の余剰価値を把握すること

土地に対する仮差押命令の申立てにも有用であるから、土地に抵当権が設定されている場合はその返済計画のほか残債務にかかる資料の提出も求める。

③ 支払原資の増殖可能性を検討すること

仕様変更等により支払原資を増殖し得る場合がある。

住宅ローンによる追加融資や勤務先からの借り入れも検討対象となり得る。当初の住宅ローンの審査結果が減額回答であっても、金融機関は合理的な出来高相当の追加融資には応じることがある。追加融資等を受けるか否かは施主の判断ではあるものの、出来高請求が認められる既施工部分は有益性があり、その撤去等の費用は施主負担となるから（当該既施工部分にかかる請負契約は解除できない）、追加融資を受ける等してでも工事を続行して完工する方が施主にとっては合理的であり、施主としてもそのような対応を希望するのが通常である。

④　一括弁済による回収可能性を検討すること

　他の管財業務の進捗等にもよるが、一括弁済が基本となる。そのため一括弁済で施主から回収できる金額を検討する。

(2)　仮差押命令の申立てを検討すべき時期

　既施工部分が存在する土地は施主所有であることが多く、土地からの回収可能性も考える必要がある。回収可能性の検討結果を踏まえて、保全の必要性が認められる施主の土地に対しては仮差押命令の申立てを検討する。本件破産管財事件においては、8月完工予定の現場について、土地に対する仮差押命令を同年6月4日に申し立て、6月8日に債権者面接が実施され、6月15日に担保金を供託し、6月16日に仮差押決定が発令され、6月17日を受付日として仮差押登記手続が完了した。完工予定日を把握しておくことは重要であり、遅くとも完工予定日までには土地に対する仮差押登記手続が受け付けられるスケジュールで動くことが合理的である。完工引渡日には後継業者等に支払うための住宅ローンを実行するにあたり土地建物に対して抵当権が（追加）設定されてしまい、それだけ土地の余剰価値が失われるからである。建設を止めて土地を処分するおそれもないではないため、施主が後継業者を選定して工事を再開しているかどうか、施主が資金難等の理由で土地の処分をほのめかしているかどうか等の情報も重要である。

(3)　仮差押命令の副次的効能

　東京地方裁判所民事第9部では原則として全件債権者面接が実施される。裁判所から担保額の電話連絡があれば供託等を行い仮差押決定正本の交付を受ける。発令されると施主（債務者）に決定正本が送達されるが、東京地方裁判所民事第9部の場合、発令日の翌日から1週間後に発送される。裁判所から決定正本を受

領することで出来高精算に真面目に取り組むようになる施主もいる。施主から保全異議の申立てがあれば裁判所における手続の中で出来高についての合理的な精算に向けた協議をすることも可能であり、破産管財人としては早期かつ合理的な出来高精算を期待し得るという効能もある。

⑷　仮差押命令の申立てを取り下げるべき時期、施主から取得すべき書類

出来高が実際に精算されたことを確認したタイミングで、仮差押命令の申立てを取り下げ、担保取消しを申し立て、担保金を取り戻すこととなる。仮差押登記が確実に抹消されることが確認できれば住宅ローンは問題なく実行されるのが通常であるから、住宅ローンの実行によって出来高を精算する場合であっても、あらかじめ仮差押命令の申立てを取り下げる合理性は認められない。出来高支払日と同日に取り下げることは可能であり、その旨規定された和解書等を金融機関に示すなどすれば足りるのが通常である。規定例としては、「破産管財人は、○日限り（※出来高支払日と同日とする）、施主に対する東京地方裁判所○年（○）第○号不動産仮差押命令申立事件を取り下げる。」等である。

仮差押命令の申立てを取り下げるにあたっては、担保を取り戻すために必要となる書類を施主（債務者）からあらかじめ取得しておくことも重要である。具体的には、担保取消しに係る同意書、担保取消決定正本の受書、担保取消決定に対する即時抗告権放棄書、施主（債務者）の印鑑登録証明書である。同意書等は実印で押印したものを取得する。手続を滞りなく進めるため捨印をもらっておくのが望ましい。

⑸　仮差押命令申立ての取下げ当日の段取り

施主から取得すべき書類も含め、必要書類を全て準備して取下

げ当日を迎える。出来高支払日と同日を取下日とする場合であっ
ても、入金確認できなければ取下げはしない。そのため、当日は
破産管財人が指定した口座に出来高相当額が入金されたことを確
認した後で、仮差押命令の申立ての取下げに係る必要書類を裁判
所に提出することとなる。施主ないし金融機関から求められれば、
その指定する司法書士等の同行を認め、裁判所の受付印が押され
た取下書の控えのコピーを提供することに協力する。なお、取下
げ当日の段取りについては、金融機関ないしその指定する司法書
士からあらかじめ調整の連絡が来ることが多く、入金確認後の取
下げとなることも含め、混乱が生じないよう対応する。

COLUMN　**破産手続と仮差押え**

　破産財団に属する財産を首尾よく換価する上でも仮差押命令の
申立てはその副次的効能を含めて有益であるから、破産管財人と
しては積極的にその活用を検討することになる。少なくとも、債
務者と交渉しているうちに保全する機会を逸して剰余価値を把握
し損ねたという事態は避けるべきであるから、保全の必要性につ
いては常に意識しておくべきであり、仮差押命令の申立て要件を
充たす可能性があるときは積極的にその活用を検討すべきであろ
う。
　他方，破産財団に属する財産に対する仮差押命令については、
破産手続開始決定時に係属中のものは失効するため（破産法42
条2項）、破産管財人は、係属中の事件ごとに仮差押命令を排除
し、破産財団に属する財産を換価することになる。東京地裁の処
理について詳しくは、破産管財の手引110頁以下を参照された
い。

8.4.3　訴訟による回収

　任意交渉を行い、場合によっては仮差押命令申立手続をとって

も、相手方が任意の支払いに応じない場合、訴訟による回収をはかることが考えられる。

　もっとも、訴訟による回収をはかる場合、技術的・法的に複雑な問題（出来高の評価、瑕疵の評価、相手方の主張する各種損害賠償請求権等と出来高請求権との相殺の可否等。上記任意交渉の場合の問題点と同様である。）が争点となることから、解決までに相当長期の期間を要することが予想される。そして、特に本件のように破産者の協力が得られないケース等では、破産管財人として立証が困難な部分も想定される。また、新築住宅の施主の場合には、住宅ローンにより請負工事代金の支払いを予定している者が多いと考えられることから、訴訟手続をとって勝訴判決を取得できたとしても、回収できない可能性が十分考えられる。

　よって、仮に当該事案以外の管財業務について終了の目処がたっているのだとすると、当該事案の請負代金の回収のためだけに訴訟手続をとって長期の時間をかけ、破産手続を長期化させることは得策でない場合が多いのではないかと考えられる。

　最終的には
・勝訴判決を得られるまでの期間（争点の数、複雑性）
・勝訴判決を得られる可能性（立証手段、立証可能性）
・強制執行可能な資産があるか（勝訴した場合の回収可能性）
を考慮し、訴訟提起するか否かを判断することになろう。

　ただし、任意交渉においては訴訟も辞さないという姿勢で望むことは有効であり、本件においては破産管財人団が10名いたことから施主に対しては事実上、圧力をかけることができた。訴訟による回収はやはり伝家の宝刀と位置づけるべきであろう。

8.5 出来高＜未成工事受入金

　本破産管財人団においては、出来高よりも未成工事受入金が多い現場を「もらいすぎ現場」と称していた。この場合の法的な枠組みは **8.1.3.2**（74 頁以下）に記載のとおりである。以下ではこのもらいすぎ現場における施主との交渉の実際について述べる。

8.5.1 出来高交渉について

　「もらいすぎ」施主から破産管財人に対して催告（破産法 53 条 2 項）を行わない場合と行う場合とで、破産管財人に求められる対応はやや異なる。

⑴　催告が行われない場合について

　債権回収を望む合理的な施主であれば、破産管財人に対して催告を行うのが通常と考えられる。なぜならば、請負契約の効力が存続しても破産管財人に請負債務の履行は極めて困難であるため、施主は、催告を行えば、破産法 53 条 1 項により解除が選択され（同法 53 条 2 項も参照）、同法 54 条 2 項により財団債権者としての地位を得ることと予想できるためである。そうであるにもかかわらず催告をしない施主というのは、債権回収への関心が比較的低く、破産手続に参加する意欲の弱い（破産法について調べたり、弁護士に相談したりすることもない）施主であると考えられる。このような施主にあっては、破産管財人が公正中立な立場にあることを理解すれば、その認定に対して反論を展開する可能性は低いと思われる。そこで、破産管財人は、このような施主を相手に出来高交渉をする場合には、破産法上の破産管財人の地位（破産者の代理人ではないこと等）を説明し、出来高算定の合理的な根拠を示すことによって、早期に和解できる可能性が高いと思

われる。

⑵　催告があった場合について

催告を行う施主は、債権回収を強く望む施主であるといえる。このような施主を相手とする出来高交渉では、破産管財人と施主の見解が激しく対立する可能性が相対的に高く、施主が弁護士に依頼することも多いため、和解に向けた立証活動の負担は大きくなることが予想される。

具体的な交渉内容は出来高の立証手段によって千差万別である。本件では協力業者から破産者への請求書を主たる証拠として用いたので、全体としては協力業者による請求書の合計金額からどの程度の減額を認めるかといった交渉となった。各工程の進捗度合いや立証の程度に応じて出来高を算定し、和解を目指すこととなろう。現場の状況を把握している者の協力が得られなければこれらの確認に多大なコストを要するため、現場監督等との良好な関係の構築が重要である。

以下では、本件においてなされた施主からの具体的な反論について述べる。

①　別工事に関する請求書であるとの反論

証拠とした請求書のうち、別件の工事に関する請求書が含まれている可能性があるため、そのような請求書記載の金額については出来高に反映させるべきではない、との反論があった。

これに対しては、本件では、請求書に施主名、担当現場監督名、作業日等が記載されていることを指摘し、別件の工事に関するものでないことの理解を求めた。たしかに、協力業者は複数の現場にかかる請求を1通の請求書にまとめていることが多く、破産管財人は事前によく確認すべきである。現場監督や協力業者の協力が得られる状況であれば、その供述を裏付けとする方法もある。

② 請求書記載の工程が未完了である、建材が未搬入であるとの
反論

証拠とした請求書に工程 ABC の費用が記載されているところ、工程 AB は完了しているものの、工程 C は完了していないため、C については除外すべきとの反論があった。類似のものとして、請求書に記載された建材の一部が現場に未搬入であるとの反論もあった。

工程が未完了との反論に対しては、現場の状況や施主の意見を踏まえ、工程の進捗度合に応じて割合的に出来高に反映することとした。

建材が未搬入との反論に対しては、個別の発注書の日付や協力業者からの聴取等によって、破産手続開始決定時に未搬入であったことが確認できた項目を出来高から除外することとした。

なお、協力業者も債権者の立場にあり、事情聴取に非協力的であることや、虚偽の説明を行う可能性があるため注意が必要である。例えば、破産者が施主 A から受注していた現場に関して、破産者からの下請業者 B が、破産手続開始決定時点での仕事の出来高を真実よりも少なく偽装することがある（この際、B から破産管財人に対しては、未着工である旨の虚偽の説明や、破産管財人の手元にある B から破産者への請求書は見積段階の案に過ぎず正式な請求額はより低額である旨の虚偽の説明がなされることがある。）。こうした虚偽の説明がなされる背景には、B の下請契約上の仕事の成果が、破産者の元請契約上の仕事の成果であるために、B の仕事の出来高が多くなればなるほど、破産管財人の A に対する割合報酬請求額が高くなる、という関係性がある。すなわち、B の破産債権が無価値であることを前提とすると、A 及び B は、B において出来高を少なく偽装し、その少なく偽装した分の額より

もいくらか少ない額をAがBに支払うことで、破産財団の負担のもとで、違法に経済的利益を得ることができるのである。

例えば、Bの仕事の出来高が本来100万円分である場合、Bが真実を破産管財人に説明すると、Aは破産管財人から100万円の割合報酬請求を受けることとなり、他方、Bは100万円の破産債権者として取り扱われてせいぜい配当により満足を受けるに過ぎない。しかし、AとBが結託し、Bが出来高は70万円であるという説明で破産管財人を騙せた場合、Aが破産管財人から受ける割合報酬は70万円に留まることとなるので、AがBに30万円よりもいくらか少ない額（例えば10万円）の謝礼を支払えば、A及びBは違法に経済的利益を得ることができるのである（Aは、本来であれば100万円を破産管財人に支払わなければならないところ、合計80万円を支払えば済むこととなるし、Bは、本来であれば無価値な100万円の破産債権を有するに過ぎなかったところ、10万円を得ることができることとなる。）。

こうした利害関係等を背景に、協力業者が説明する出来高は真実よりも少なく偽装されている可能性があるため、破産管財人は、協力業者の説明や資料を注意深く検討する必要がある。

③　破産者の経費に対する反論

本件では協力業者からの請求金額合計の10%を破産者の経費として出来高に加算することとしたが、施主からは合理的根拠がないとの反論があった。

これに対しては、破産者の経費の必要性を説明し、施主の承諾を得た。問題は経費を具体的にどのように設定するかであるが、最終的には経費の金額を調整弁とすることによって和解に至った現場もあった。

④　その他の反論

　その他、工事費用（下請代金）の一部を施主が協力業者に対して直接支払ったことから当該金額分を出来高から控除せよとの反論や、破産者が工事を中断したことによって増加費用が発生したため財団債権を増額せよ等といった反論もあった。

　これらの事情は、いずれも破産者が仕事の一部を完成させたことを否定するものではなく、理論的には出来高の評価とは無関係と考えられる。そのため、破産管財人は施主に対してこれらの事情が出来高の評価額を減額する理由とならないことを説明すべきである。

　なお、こうした事情に基づき施主が債権を取得するとしても、当該債権は、破産債権となるものが多いと考えられる。破産管財人としては、施主に対して破産債権としての届出を促すという対応もあろう。

　もっとも、本破産事件では、財団債権額に関する和解交渉において、早期解決のためこれらの施主の主張に配慮して合意に至ったケースもあった。

8.5.2　財団への組入交渉について

　破産管財人は通常は施主と比べて多くの資料や情報を保有している。特に破産管財人が情報や資料の提供義務を必ずしも法的に負わないような場合には、破産管財人が施主に対して一定程度の財団組入を条件とした有益な情報や資料の提供を提案することには一考の余地がある。

　もっとも、出来高よりも未成工事受入金が大きい現場の施主の場合、施主の被害感情は強く、基本的に組入の実現は困難であろう。

なお、1つの設計事務所や協力業者が複数の現場に関係していることも多く、複数の施主同士で情報が共有されていることもあるので注意を要する。全ての施主を一律に取り扱う場合であろうと、施主ごとに取り扱いを異にする場合であろうと、合理的理由の説明が求められる。

COLUMN　**破産管財事件と財団組入れ**

　破産財団に別除権（抵当権）付きの不動産が存する場合、実務上、破産管財人は、別除権を消滅させること及び当該不動産の任意売却による売却代金の一部を破産財団に組み入れることを別除権者に求めて交渉する。こうした交渉が不調に終わった場合は、担保権消滅許可の申立て（破産法186条以下）を検討することとなる（破産管財の手引176頁、伊藤711頁脚注155）。逆に言えば、担保権消滅許可制度が後ろに控えていることで、別除権者が任意に財団組入れを行うよう促すプレッシャーとなっている。不動産の任意売却の場合の財団組入額がどの程度となるかは別除権者との交渉次第であるが、実務上は、売却代金の5％〜10％程度の金額を破産財団に組み入れる事例が多いとされる（破産管財の手引159頁）。

　このように、別除権付きの不動産の任意売却に際して売却代金の一部を破産財団に組み入れる実務は、従来から行われているものであり、その根拠は、任意処分によって高価に換価した破産管財人の努力に対する報奨金の一種であるとする説明が一般的である（破産管財人の財産換価122頁〔清水祐介＝三枝知央〕）。

　以上の趣旨からすれば、別除権の目的物が不動産以外の場合でも、任意の換価に際して財団組入れを求めることが合理的なケースは考えられる。例えば、請負人が賠償責任保険に加入している場合、「保険事故に基づく注文者の破産者に対する損害賠償請求権」は「破産者の保険会社に対する保険給付請求権」の上に生じる特別の先取特権により担保されるため（保険法22条1項）、保険事故により被害を受けた注文者は、請負人の破産手続におい

て別除権者となる。注文者が保険給付請求権上の先取特権を実行するためには、損害賠償請求権の存在及びその額を具体的に証明する必要があるとされており（民事執行法193条1項）、また差押命令を得て取立ても行う必要がある（木内道祥監修・全国倒産処理弁護士ネットワーク編『破産実務Q&A220問』（きんざい、2019）127～128頁〔松尾幸太郎〕）。他方、破産管財人が注文者に協力し、破産管財人、注文者及び保険会社の三者間で和解が成立すれば、上述のような法的手続を経る場合に比して、簡易迅速に注文者の債権回収を実現できるといえる（同書128頁〔松尾〕）。こうした事情に鑑みれば、破産管財人が、一定額の財団組入れを前提とした協力を別除権者たる注文者に対して申し出ることは、合理性を有するものと考えられる。破産管財人の協力及び努力は、注文者が簡易迅速に債権回収をするために重要といえるためである。

8.5.3　残置物の処理

(1)　工事未了の現場では工事に必要な資材や廃棄物など多数の残置物が残されていることがある。

　すでに工事が完成した建物について判例は材料の全部又は主要部分を提供した当事者に所有権が帰属し（最高裁昭和40年5月25日判決など）、注文を受けた請負人が一切の材料等を調達して工事を進めていればその所有権は請負人（管財人）に帰属することになる。

　一方で、工事全体の完成が未了であれば、すでにできあがっている部分と、未完成で必要な資材等や目的不明な廃棄物のようなものが現場に置かれている状態とが混在することがあり得る。工務店が協力業者から納入した資材であれば、売買契約に基づき協力業者から現場に納入された時点で工務店に所有権が帰属するため、工務店が残置物を処理する責任も負うと考えられるが、どの

ような経緯で現場に持ち込まれたものなのか判然としないことも
ある。下請業者が現場に自ら持ち込んだ資材がそのまま放置され
たような場合は本来であれば当該下請業者に撤去を求めることに
なろう。施主から管財人に対して現場に残された資材・廃棄物等
の処理を求められたとき、管財人として正確に対応することが難
しいこともある。

　⑵　管財人の立場では、現場に残された大量の残置物を積極的
に利用する理由はなく、廃棄や移動させるにも費用がかかるので、
むしろ今後の工事に使えそうなものが含まれているのであれば、
管財人に処分の責任があることを前提に、廃棄物等も含めて全体
をいくらかで引き取ってもらうよう施主側と交渉することが望ま
しい。工事の出来高算定とは別に、残された残置物の特定及び査
定を業者に依頼することも考えられるが、施主がすでに継続工事
を依頼する新たな工務店を決めているときは、当該工務店が工事
全体の費用から差し引く形で残置物の引き取りを許容することも
あり得るので、施主側と十分に協議をするべきであろう。本件の
現場のひとつでは、木材や外壁タイル素材など、今後の工事に活
用できるものか、単に廃棄物として処理するしかないのか分別が
難しいものが多数残されていた。当該現場では、管財人と施主側
との協議の結果、施主が有償で一切を引き取る形で合意をしてい
る。

　⑶　なお、工務店が資材等の納入業者に対して代金未払いであ
る場合、売買契約に基づき納入済みであれば当該資材の返還は認
められないが、動産売買先取特権の行使が問題となり得る（破産
法63条に該当する場合は例外的に物品の取戻権が認められる）。

【破産法】

（運送中の物品の売主等の取戻権）
第63条
1　売主が売買の目的である物品を買主に発送した場合において、買主がまだ代金の全額を弁済せず、かつ、到達地でその物品を受け取らない間に買主について破産手続開始の決定があったときは、売主は、その物品を取り戻すことができる。ただし、破産管財人が代金の全額を支払ってその物品の引渡しを請求することを妨げない。

　また、当該納入業者による工務店の請負代金債権に対する動産売買先取特権の物上代位は原則として認められないが、請負代金全体に占める当該動産の価額の割合に照らして請負代金債権の全部又は一部を右動産の転売による代金債権と同視するに足りる特段の事情がある場合には行使できる（最高裁平成10年12月18日判決・判時1663号107頁）。

COLUMN　**破産会社事務所の明渡し**

　破産会社事務所の明渡しに際しては、残置物の処理、リース品の返却、事務所（駐車場）の明渡し、これらのスケジュール調整が必要となる。
　残置物の処理については、有用な資料がどこかに隠れていないか入念にチェックする必要があり、事務所の規模にもよるが、膨大な書面やファイルの精査が必要になることもある。また、残置物の中に換価可能と思われる物品（家具、スマートフォン等）があると、リサイクル業者による買取依頼を検討すべきだが大きな期待はできない。買取業者によると、昨今では、リサイクル業者等の在庫があり余っており、高品質な家具でさえ買値はつかないとのことであった。もっとも、廃棄業者がリサイクル業者を兼ねていることもあり、リサイクル品として販売できそうなものがあ

れば、廃棄料の値引きを交渉する余地はあるだろう。縁起物の熊手など、神仏に関わる物の廃棄は拒否されることがあり、その場合は、事務所近くの神社等に持参して廃棄するなどの対応が必要となる。

リース品は、パソコン、コピー機、電話機、車両などが典型的だが、土木設計システムソフト等が CD 媒体でリースされていることもある。また、工務店の車両には、資材や建築道具が大量に積まれていることもあり、残地物撤去の前に、車両の内部に廃棄業者に引き取ってもらうべき物品がないか確認する必要もある。リース品の返却の際は、必ずしも破産管財人（代理）が現地で対応する必要はなく、適宜、工務店関係者に現地対応をしてもらうことにより、業務の負担を軽くすることができる。

事務所の明渡時に、廃棄業者に対応してもらえなかった床に取り付けられた配線等が残っていることがある。このような場合、賃貸人側に原状回復工事で対応するように打診して、細かいごみ等とともに廃棄作業を任せることも可能である。

以上のスケジュール調整については、残地物の撤去を先にするとリース品も廃棄されてしまう可能性があるため、リース品の返却、残置物の撤去、事務所の明渡しの順に行うのが通常と思われまする。しかし、事務所内部が乱雑で、返却すべきリース品（電話子機など）の全てを発見することが困難な場合は、先に残置物の撤去をすることも検討すべきである。すなわち、すでに確保できたリース品が撤去されないよう措置をとり廃棄業者に不足のリース品を伝えた上で、不要な残置物を撤去してもらいながら、不足のリース品を探せば、時間や労力の節約となる。

8.6　消費税

8.6.1　破産会社の税務申告

破産会社の場合、法人税が発生する可能性は低いが（均等割部分を除く）、破産手続の中で工事代金の回収等を行う場合には、消費税の納税義務が生じる可能性がある。消費税は破産債権に優

先して弁済されるものであるから、財団の形成状況によっては、消費税の金額の多寡で、配当が実施できるか異時廃止となるか変わってくる場合もある。そのため、消費税納税額がどの程度の金額となるかは、早めに試算をしておく必要があろう。破産会社の税務申告については、破産手続開始日に事業年度が終了し、その後はもともとの事業年度の終期と始期によって区切られる。例えば、もともとの事業年度が4月1日から翌年3月31日で、破産手続開始決定が令和3年2月1日であった場合には、以下のように事業年度が区切られることとなる。

　　①解散事業年度　　　令和2年4月1日～令和3年2月1日
　　②清算第1期　　　　令和3年2月2日～令和3年3月31日
　　③清算確定事業年度　令和3年4月1日～残余財産確定日

8.6.2　仕入税額控除と計上時期の問題

　上記①～③の各期において、工事代金等の課税売上が生じている場合には、消費税の納税義務が生じる。この点、各期において経費や管財人報酬等の課税仕入が生じる場合には、仕入税額控除を行うことができる（つまり、消費税が控除の分減額される）。そのため、破産会社の未完成工事（破産手続において代金回収するもの＋代金返還するもの）について、売上や経費をどの期に計上するかによって、消費税納税額が変わってくる可能性がある。

8.6.3　建設業会計における工事完成基準

　建設工事は完成までに長期の時間を要する。そのため、「売上」となる請負工事代金は、着工時・中間時・工事完成時等、何度かに分割して支払われる場合が多い。また、材料費や協力業者に支払う外注費等の「経費」も、長期の工事期間中に都度支払いがな

される。そこで、これらの収入・支出をどのタイミングで売上計上、経費計上するかが問題となるところ、建設業会計では、一般的に、工事完成後に計上する「工事完成基準」が採用されている（工期が数年単位となるような大規模な開発工事においては、工事が未完成でも出来高割合で売上計上と経費計上を行う「工事進行基準」を適用している場合があるが、工務店では工事完成基準の会計処理を適用している場合が多いと思われる。）。

「工事完成基準」を適用する場合、工事が完成するまでの間は、工事に関する収入は「未成工事受入金」、工事に関する支出は「未成工事支出金」として計上され、工事完成時に、まとめて売上計上・経費計上が行われることになる。

8.6.4 破産会社の未完成工事について売上・経費を計上するタイミング

工事が中途のまま工務店が破産してしまった場合、建設業会計では工事完成基準がとられていることから、破産手続開始決定時においては、未完成工事にかかる回収済みの工事代金は「未成工事受入金」、支出済みの費用は「未成工事支出金」として計上されている。未完成工事（出来高）についての工事代金や原価をいつ売上、経費として計上するかが問題となる。

工事代金については、受領済み代金が出来高に不足する場合には、破産手続の中で残代金の回収を行い、逆に出来高より超過する場合には、破産手続の中で返還を行うことが考えられるので、1つの考え方としては、残代金又は返還金の金額を合意確定した時点や、実際に残代金を回収又は超過金を返還した時点において、当該工事の工事代金が確定したものとして売上計上、経費計上することが考えられる。一方、「工事完成」という基準自体に鑑み

ると、出来形についての破産者の工事自体は、請負契約を解除した時点で終了し完成していると評価されるので、その時点で売上計上、経費計上することも考えられる。

　この点、いずれの時点で計上すべきであるか、明確な判断を示したものは見当たらず、解釈によっていずれでも可能ではないかとの税理士の判断もあり、本件破産管財事件においては仕入税額控除のメリットが最大となる期に売上・経費として計上することとした。破産管財事件においては、破産管財人報酬が清算確定事業年度の課税仕入となるので、この点に留意して計上のタイミングを税理士と相談するとよい。

COLUMN　**破産管財事件で税務申告をしない場合**

　解散事業年度、清算事業年度、清算確定事業年度について、破産管財人には申告義務があるとされている。しかし、破産会社の場合、法人税が発生する可能性は低く、予納金が低廉で破産財団もほとんど形成されないような事案では、費用的に税務申告を行うことが難しく、税務申告を行わないケースも多いと思われる。

　一方、破産管財人が不動産を任意売却したり、高額の売掛金を回収したりする等、消費税を預かることとなった場合には、消費税の申告が必要となる。また、解散事業年度において消費税の還付請求が可能となるケースもあるが、その場合は、申告費用よりも還付金額が大きい場合には、申告のメリットがあるだろう。消費税の申告を行う場合には、通常、法人税の確定申告を要求されるため、あわせて申告を行うこととなるだろう。

8.7 瑕疵担保責任、契約不適合責任に基づく損害賠償請求訴訟

本件において、破産申立前に施主から瑕疵担保責任(現在の契約不適合責任)に基づく損害賠償請求訴訟が、破産会社と施主との間で係属していた。

8.7.1 訴訟の中断

8.7.1.1 中断する訴訟

破産申立前に訴訟が継続していた場合、破産手続開始決定があったときは、破産者を当事者とする破産財団に関する訴訟手続は中断する(破産法44条1項)。破産手続開始決定がなされると、破産財団に関する破産者の管理処分権は喪失(同法78条1項)し、破産財団に関する訴えの当事者適格が破産管財人に専属するからである(同法80条)。また、破産手続開始によって委任契約は終了する(民法653条2号)ため、工務店と工務店の役員らとの委任契約も終了する。したがって、破産手続開始後は、工務店の代表者が訴訟追行することもできなくなる。

「破産財団に関する訴訟手続」とは、破産管財人に管理処分権が専属する破産財団に属する財産に関する訴訟等であり、契約不適合責任に基づく損害賠償請求はこれにあたる。破産会社に訴訟が係属していても、口頭弁論終結後である場合は判決の言渡しはできる(民事訴訟法132条1項)ものの、それ以外の訴訟行為は無効となる。そのため、申立代理人は、申立人に訴訟が係属していないか確認し、係属している場合には、破産手続開始申立書に記載する(破産法20条1項、破産規則13条2項3号)ことが求められる。そのため、破産会社に訴訟が係属しているかは、申立書

で確認することができる。また、当該訴訟に訴訟代理人が選任されている場合、通常、訴訟代理人は破産者から破産手続開始の申立てをした旨連絡を受けるから、訴訟代理人が係属部に破産申立をしたことを連絡するのが通常であろう。

　破産管財人としては、通常は訴訟に関する申立書の記載を確認すれば足りるが、記載がない場合は念のため破産者及び申立代理人に確認することになろう。そして、訴訟が係属している場合には訴訟記録一式の引き継ぎを受けるのが得策である。

8.7.1.2　中断しない訴訟

　訴訟の中断は、破産者の破産財団に関する管理処分権がはく奪されたために生じるところ、破産財団に関する管理処分権とは関係ない訴訟については中断しない。そのため、破産者の自由財産や会社の組織に関する訴訟等は中断しないとするのが通説である（伊藤401頁）。しかし、訴訟類型で画一的に訴訟中断の効果が生じるか否かを決めるのではなく、会社の組織に関する訴訟においても、破産財団所属財産についての管理処分権行使に関係するものについては中断を認め、破産管財人が受継すべきとの見解もある。具体的には、組織法上の訴訟であっても、会社の財産関係に影響を及ぼすような、合併無効、分割無効、総会決議取消しや無効確認の訴えでも、その内容によっては、中断・受継の検討をすべきとの見解である。

【破産法】

（破産手続開始の申立ての方式）
第20条1項
　破産手続開始の申立ては、最高裁判所規則で定める事項を記載した書面でしなければならない。

【破産規則】

第13条2項3号（破産手続開始の申立書の記載事項）
　破産手続開始の申立書には、前項各号に掲げる事項を記載するほか、次に掲げる事項を記載するものとする。
　　3号　債務者の財産に関してされている他の手続又は処分で申立人に知れているもの

第44条1項（破産財団に関する訴えの取扱い）
　破産手続開始の決定があったときは、破産者を当事者とする破産財団に関する訴訟手続は、中断する。

第78条1項（破産管財人の権限）
　破産手続開始の決定があった場合には、破産財団に属する財産の管理及び処分をする権利は、裁判所が選任した破産管財人に専属する。

第80条（当事者適格）
　破産財団に関する訴えについては、破産管財人を原告又は被告とする。

【民事訴訟法】

（中断及び中止の効果）
第132条1項　判決の言渡しは、訴訟手続の中断中であっても、することができる。

8.7.2　破産管財人による訴訟の受継

8.7.2.1　財団債権の場合

　破産管財人は、いつでも、破産債権以外の破産財団に関する訴訟を受継することができる。もっとも、必ずしも受継手続をしなくてもよい。破産管財人から受継の申立てをするかしないかは、当該財産の換価価値及び収益の有無・程度、破産財団に占める割合、当該財産の維持費等の要否・負担額、受継後の訴訟終了までに要する期間、勝訴又は有利な条件による和解の見込みの有無・程度等を総合考慮して判断すべきとされている（破産管財の手引237頁）。なお、これは破産財団に属する財産に関する訴訟であ

り、（例えば、工事代金の未収があってそれを回収する訴訟のような）工務店の契約不適合責任に基づく損害賠償の場合、専門的な知見が必要で、複雑で多数の争点が生じうる。そのため、訴訟の段階によってはかなり長期に及ぶ可能性もある。債権者としても、後になるほど破産配当が目減りするリスクもあるところ、破産手続の早期終了のために、当該訴訟を受継するよりも和解で話をまとめる方が望ましい。

　なお、訴訟の相手方が破産管財人に対し受継の申立てをした場合、破産管財人は拒否することはできない。

COLUMN　**倒産と訴訟**

　破産手続開始決定時にすでに係属している訴訟のうち、①破産財団に属する財産に関する訴訟、②財団債権に関する訴訟、③破産債権に関する訴訟、④債権者代位訴訟、⑤詐害行為取消訴訟は、いずれも破産手続開始決定により中断する（破産法44条1項、45条1項。①〜③は破産者を当事者とするものに限る（44条1項））。このうち、③以外は、破産管財人は訴訟手続を受継することができるが（44条2項、45条2項）、実務上、受継するか否かについては、裁判所と事前協議を行っている。他方、破産手続開始決定時に既に係属している訴訟のうち、⑥破産者の自由財産に関する訴訟、⑦破産者の身分関係に関する訴訟、⑧破産会社の組織法上の争いに関する訴訟（設立無効の訴えや株主総会決議取消の訴え等）等は、破産手続開始決定によって中断しない（以上、破産管財の手引236〜239頁、破産管財の実務304〜308頁）。

　以上とは別に、破産管財人が新たに訴訟を提起すべきか否かの検討を要する場面がある。財産の換価や増殖を実現するために裁判手続を利用すべきか否かは、破産管財人に限った問題ではなく、勝訴の見込み、手続コスト（費用及び時間）、任意協議の可能性、レピュテーションリスク等を総合考慮して判断すべきであり、破産手続以外の法的紛争にも共通する問題であるといえる。ただし、

破産手続は迅速性が強く求められており、破産管財人の立場では、迅速な解決という観点が重要となる。そのため、訴訟提起を選択することは多くはないが、関係者の感情面から和解交渉の難航が予想されるような場面等では訴訟提起に踏み切ることによって結果的に迅速な解決を実現できることもある。

8.7.2.2　破産債権の場合

　破産債権に関する訴訟が係属している場合、破産者に破産開始決定がされると訴訟は中断する（破産法 44 条）。しかし、破産債権は、財団債権と異なり、破産手続によらない権利行使が禁止されること、破産手続内で調査・確定の上で配当を受けることから、破産管財人が訴訟を受継する必要はない。

　破産債権に関する訴訟の取扱いについては以下のとおりである。訴訟が中断されると、債権者が破産債権を届け出て、破産管財人による調査・確定手続がされる。届出債権に対する異議がない場合、破産債権の存在及び内容が確定し、中断していた訴訟は終了する（破産法 124 条 1 項）。

　破産管財人や他の債権者から、届出のされた破産債権に異議があった場合は、破産債権査定手続が行われる（破産法 125 条 1 項）。そして、査定結果に不服がある者は、当該査定結果に対する異議の訴えを提起することができる（同法 126 条 1 項）。この場合、届出のされた破産債権に異議をした者が、異議の訴えを提起した者を相手方として、中断している破産債権に関する訴訟を受継する（同条 4 項）。その後は、受継した訴訟が異議訴訟として扱われる。

【破産法】

第 44 条（破産財団に関する訴えの取扱い）

1　破産手続開始の決定があったときは、破産者を当事者とする

破産財団に関する訴訟手続は、中断する。

2　破産管財人は、前項の規定により中断した訴訟手続のうち破産債権に関しないものを受け継ぐことができる。この場合においては、受継の申立ては、相手方もすることができる。

第124条　（異議等のない破産債権の確定）

1　第百十七条第一項各号（第四号を除く。）に掲げる事項は、破産債権の調査において、破産管財人が認め、かつ、届出をした破産債権者が一般調査期間内若しくは特別調査期間内又は一般調査期日若しくは特別調査期日において異議を述べなかったときは、確定する。

第125条（破産債権査定決定）

1　破産債権の調査において、破産債権の額又は優先的破産債権、劣後的破産債権若しくは約定劣後破産債権であるかどうかの別（以下この条及び第百二十七条第一項において「額等」という。）について破産管財人が認めず、又は届出をした破産債権者が異議を述べた場合には、当該破産債権（以下「異議等のある破産債権」という。）を有する破産債権者は、その額等の確定のために、当該破産管財人及び当該異議を述べた届出をした破産債権者（以下この款において「異議者等」という。）の全員を相手方として、裁判所に、その額等についての査定の申立て（以下「破産債権査定申立て」という。）をすることができる。ただし、第百二十七条第一項並びに第百二十九条第一項及び第二項の場合は、この限りでない。

第126条（破産債権査定申立てについての決定に対する異議の訴え）

1　破産債権査定申立てについての決定に不服がある者は、その送達を受けた日から一月の不変期間内に、異議の訴え（以下「破産債権査定異議の訴え」という。）を提起することができる。

4　破産債権査定異議の訴えは、これを提起する者が、異議等のある破産債権を有する破産債権者であるときは異議者等の全員を、当該異議者等であるときは当該破産債権者を、それぞれ被告としなければならない。

8.7.2.3　本件における処理

　本件では、竣工済みの家屋に、20を超える瑕疵があったとして、瑕疵担保責任（契約不適合責任）に基づく損害賠償請求訴訟が係属していた。施主からの請求については、訴訟で提出された工務店の認否や主張を前提に、施主の請求をどの程度認めるか判断すべきである。基本的に、訴訟において工務店が瑕疵と認めた費目については、証拠資料を検討して、特に問題がなければ認めてよいと思われる。また、答弁書等においては瑕疵と認めていなかった費目でも、破産管財人の判断として、瑕疵と判断できるものは、瑕疵と認め、早期解決を図る和解の調整弁とすることも検討すべきである。

　また、竣工済みの物件が問題となる場合、いわゆるアフター、工事保証等の問題も生じ得る。本件も、竣工済みの家屋に生じた瑕疵が問題となり、アフター、工事保証の対象か否かも争点となった。もっとも、本件では、答弁書では工務店が瑕疵と認めていなかった費目のうち、瑕疵と認められる費目の一部を任意に瑕疵と認めることで、その他については清算条項で処理できたため、大きな争いとはならなかった。

　結果的に、本件では、訴訟において、工務店が瑕疵と認めていなかった費目の一部を認めた上で、和解を締結することができた。

8.8　住宅瑕疵担保責任保険

8.8.1　住宅瑕疵担保責任保険とは？

　住宅瑕疵担保責任保険は以下を目的とする責任保険である（瑕疵担保履行確保法2条6項）。

　①　新築住宅の構造耐力上主要な部分等に瑕疵があった場合に、

新築住宅の建設を請け負った工務店が発注者である施主に対して瑕疵担保責任（「特定住宅瑕疵担保責任」という。瑕疵担保履行確保法2条5項）を負担することで生じる工務店の損害を補填すること

② 工務店が倒産等によって特定住宅瑕疵担保責任を履行できない場合に、発注者である施主が当該瑕疵によって被った損害を補填すること

これは、新築住宅の建設工事の請負人は、発注者である施主に対して、新築住宅の構造耐力上主要な部分等の瑕疵について引渡しから10年間は瑕疵担保責任を負っているところ（品確法94条1項）、請負人がその間に倒産等してしまった場合には現実には施主は当該瑕疵による損害の補償を受けることができなくなってしまうことから、品確法94条1項を実効性のあるものにするために設けられた責任保険であり、新築住宅の建設を請け負った工務店は住宅瑕疵担保責任保険への加入を義務付けられている（住宅瑕疵担保責任保険に加入しない場合は住宅建設瑕疵担保保証金を供託しなければならず、それも行わない場合は、新たな新築住宅の建設工事を請け負うことが制限される（瑕疵担保履行確保法3条1項・2項・5条・40条1号）。

本件破産事件は、新築住宅の建設を請け負った工務店が破産したケースであり、しかも住宅が未完成のものが多く残存していたため、住宅瑕疵担保責任保険の取扱いも1つの問題となった。

【住宅瑕疵担保責任保険のポイント】

① 新築工事の請負人である工務店と住宅瑕疵担保責任保険法人との間で締結する保険契約
② 工務店が保険料を支払う

③　新築住宅の構造耐力上主要な部分等に瑕疵があった場合の工務店の瑕疵担保責任の履行による損害を補填する責任保険

④　工務店が倒産等した場合には、発注者である施主が住宅瑕疵担保責任保険法人から損害の補填を直接受けることができる

【特定住宅瑕疵担保責任の履行の確保等に関する法律】

第2条（定義）

5　この法律において「特定住宅瑕疵担保責任」とは、住宅品質確保法第九十四条第一項又は第九十五条第一項の規定による担保の責任をいう。

6　この法律において「住宅建設瑕疵担保責任保険契約」とは、次に掲げる要件に適合する保険契約をいう。

一　建設業者が保険料を支払うことを約するものであること。

二　その引受けを行う者が次に掲げる事項を約して保険料を収受するものであること。

イ　住宅品質確保法第九十四条第一項の規定による担保の責任（以下「特定住宅建設瑕疵担保責任」という。）に係る新築住宅に同項に規定する瑕疵がある場合において、建設業者が当該特定住宅建設瑕疵担保責任を履行したときに、当該建設業者の請求に基づき、その履行によって生じた当該建設業者の損害を填補すること。

ロ　特定住宅建設瑕疵担保責任に係る新築住宅に住宅品質確保法第九十四条第一項に規定する瑕疵がある場合において、建設業者が相当の期間を経過してもなお当該特定住宅建設瑕疵担保責任を履行しないときに、当該住宅を新築する建設工事の発注者（建設業法第二条第五項に規定する発注者をいい、宅地建物取引業者であるものを除く。以下同じ。）の請求に基づき、その瑕疵によって生じた当該発注者の損害を填補すること。

第3条（住宅建設瑕疵担保保証金の供託等）

1　建設業者は、各基準日（毎年三月三十一日及び九月三十日をいう。以下同じ。）において、当該基準日前十年間に住宅を新

築する建設工事の請負契約に基づき発注者に引き渡した新築住宅について、当該発注者に対する特定住宅建設瑕疵担保責任の履行を確保するため、住宅建設瑕疵担保保証金の供託をしていなければならない。

2　前項の住宅建設瑕疵担保保証金の額は、当該基準日における同項の新築住宅（当該建設業者が第十七条第一項に規定する住宅瑕疵担保責任保険法人（以下この章及び次章において単に「住宅瑕疵担保責任保険法人」という。）と住宅建設瑕疵担保責任保険契約を締結し、保険証券又はこれに代わるべき書面を発注者に交付した場合における当該住宅建設瑕疵担保責任保険契約に係る新築住宅を除く。以下この条において「建設新築住宅」という。）の合計戸数の別表の上欄に掲げる区分に応じ、それぞれ同表の下欄に掲げる金額の範囲内で、建設新築住宅の合計戸数を基礎として、新築住宅に住宅品質確保法第九十四条第一項に規定する瑕疵があった場合に生ずる損害の状況を勘案して政令で定めるところにより算定する額（以下この章において「基準額」という。）以上の額とする。

第5条（住宅を新築する建設工事の請負契約の新たな締結の制限）

　　第三条第一項の新築住宅を引き渡した建設業者は、同項の規定による供託をし、かつ、前条第一項の規定による届出をしなければ、当該基準日の翌日から起算して五十日を経過した日以後においては、新たに住宅を新築する建設工事の請負契約を締結してはならない。ただし、当該基準日後に当該基準日に係る住宅建設瑕疵担保保証金の基準額に不足する額の供託をし、かつ、その供託について、国土交通省令で定めるところにより、その建設業法第三条第一項の許可を受けた国土交通大臣又は都道府県知事の確認を受けたときは、その確認を受けた日以後においては、この限りでない。

【住宅の品質確保の促進等に関する法律】

第94条（住宅の新築工事の請負人の瑕疵担保責任）

1　住宅を新築する建設工事の請負契約（以下「住宅新築請負契約」という。）においては、請負人は、注文者に引き渡した時から十年間、住宅のうち構造耐力上主要な部分又は雨水の浸入

を防止する部分として政令で定めるもの（次条において「住宅の構造耐力上主要な部分等」という。）の瑕疵（構造耐力又は雨水の浸入に影響のないものを除く。次条において同じ。）について、民法（明治二十九年法律第八十九号）第四百十五条、第五百四十一条及び第五百四十二条並びに同法第五百五十九条において準用する同法第五百六十二条及び第五百六十三条に規定する担保の責任を負う。

8.8.2　保険証券の発行までの流れ

　住宅瑕疵担保責任保険の保険証券が発行されるまでの一般的な流れは次の通りである。

---

　①設計
　戸建て住宅においては住宅瑕疵担保責任保険法人（以下「保険法人」という。）において統一的な設計施工基準が作成されており、この設計施工基準に適合するように工務店は設計をする必要がある。
　　↓
　②請負契約
　　↓
　③建築確認
　　↓
　④住宅瑕疵担保責任保険契約の申込み
　工務店が保険法人に保険契約を申し込む。
　　↓
　⑤工事着工
　前述の設計施工基準に適合するように工務店は施工する必要がある。
　　↓
　⑥現場検査の実施

　戸建て住宅では、保険法人によって次の時点で現場検査が行わ

れる。現場検査に合格しなければ保険証券は発行されない。現場
検査に合格した後に保険契約の締結が行われることとなり、それ
までは申込み段階という位置づけになる。

　１回目：基礎配筋時
　２回目：躯体工事の完了時
　　↓
　⑦建物の完成・引渡日の決定
　　↓
　⑧保険証券の発行申請
　建物が完成して引渡日が決定したときに、工務店が保険法人に
対して保険証券発行の申請を行う。
　　↓
　⑨保険証券・保険付保証明書の発行
　保険法人から工務店へ住宅瑕疵担保責任保険の保険証券と保険
付保証明書が交付される。通常、保険証券は工務店で保管し、保
険付保証明書を施主へ交付する（瑕疵担保履行確保法第３条２項
括弧書きも参照）。

8.8.3　工務店が破産した場合に破産管財人が行うべきこと

⑴　建物は完成・引渡済みだが保険証券が未発行のまま破産した
　ケース

　保険法人に保険証券の発行のために必要な書類等を確認し、保
険証券の発行を申請すれば、保険証券の交付を受けることができ
る。保険付保証明書は施主へ交付する。

⑵　躯体・雨漏り防止部分は施工が完了したが内装工事のみ未完成
　のまま破産したケース

　保険法人による現場検査（上記 **8.8.2 ⑥**）に合格している場合、
建物未完成のままでは保険証券の発行は受けられないものの、後
継業者等によって建物が完成して引渡日が確定すれば、破産した

工務店（破産管財人）にて保険証券の発行を申請することで、保険証券の交付を受けることができる。保険付保証明書は施主へ交付する。

⑶　躯体・雨漏り防止部分の工事を一部残したまま破産したケース

　保険法人による現場検査（上記 **8.8.2 ⑥**）に合格しておらず、住宅瑕疵担保責任保険の対象となる躯体部分の施工が未完成のままであることから、破産した工務店に対して保険証券は発行されない。

　ここで、後継業者が残工事を引き継いで行う場合、後継業者は住宅瑕疵担保責任保険に加入する必要があるところ、ここでは、次の（ⅰ）及び（ⅱ）の２つの処理のパターンが考えられる。ただし、保険法人ごとに対応方法が異なっている可能性もあるため、具体的な手続は保険法人に確認を取りながら進めることが必要で

ある。

（ⅰ）後継業者が破産した工務店の施工部分を含めて全ての瑕疵
　　担保責任を引き受ける場合

　後継業者が施工していない部分（破産した工務店の施工部分）を
含めて瑕疵担保責任を引き受ける前提で、後継業者が新たな住宅
瑕疵担保責任保険に加入することになるので、あとは後継業者と
保険法人と施主の間の問題として処理されるため、工務店側で必
要な手続はない。躯体工事、現場検査を完了して建物が完成すれ
ば、後継業者と保険法人との保険契約に基づき保険証券が発行さ
れることになる。

　この場合、破産した工務店と保険法人との保険契約は不要とな
るため、破産した工務店が保険法人に保険契約を申し込む際に保
険料を支払っていた場合、保険契約の撤回を申し入れることで保
険料の全部ないし一部の返還を受けることができる。

　なお、後継業者が保険法人に保険契約を申し込む際に、確認申
請書類一式、地盤調査報告書等の書類が必要であることから、施
主がこれらの書類を持っていない場合、破産した工務店（破産管
財人）に対してこれらの書類の提供について協力を求められる場
合がある。これらの書類は工事請負契約上、破産した工務店は施
主に引き渡すべき書類であるので書類の提供に協力するべきと考
えられる。

（ⅱ）後継業者が自社施工部分のみ瑕疵担保責任を負う場合

　後継業者の自社施工部分のみに瑕疵担保責任を負担する前提で、
後継業者が新たな住宅瑕疵担保責任保険に加入することになる。

　この場合、破産した工務店と後継業者のいずれが瑕疵担保責任

を負担する施工部分であるかを確定する必要があり、保険法人から破産した工務店と後継業者の瑕疵担保責任の範囲を切り分けるための保険法人所定の書類を提出するように求められる場合がある。

COLUMN　**住宅瑕疵担保責任保険の保険料の返還**

　破産した工務店にて躯体工事が完成していない場合、保険証券の発行を受けられないので、保険契約の申込みを撤回して、支払済み保険料の返還を受けられる可能性を検討する必要がある。ただし、後継業者の引き受ける瑕疵担保責任の範囲によって対応が異なる可能性があるので、撤回の可否を含めて具体的な手続については保険法人に確認を取りながら進めることが必要と考えられる。

COLUMN　**住宅瑕疵担保責任保険の承継？　と財団組み入れの可能性**

　破産手続開始当初、住宅瑕疵担保責任保険に関して、後継業者及び施主より、「住宅瑕疵担保責任保険の承継のため」という理由で、保険法人が付した物件番号の開示等を求められることがあったため、破産した工務店から後継業者に対して住宅瑕疵担保責任保険に関する何らかの承継の手続が必要で、その承継の手続を破産管財人が行うことに関して財団組み入れの余地があるかを検討したことがあった。

　しかしながら、保険法人に詳細を確認すると、住宅瑕疵担保責任保険の契約は、保険法人と破産した工務店の間のものと、保険法人と後継業者の間のものはあくまで別々のものであり、破産した工務店（破産管財人）から後継業者に対する住宅瑕疵担保責任保険の承継手続というものは存在せず、破産した工務店の破産管財人としては、破産した工務店が申し込んだ住宅瑕疵担保責任保

険に関する処理を保険法人との間で対応することで足りることが分かった。破産管財人として協力するべき住宅瑕疵担保責任保険の承継手続が存在しないことから、承継手続に関して後継業者や施主に対して財団組入を求める余地もないことが明らかになった。

　住宅瑕疵担保責任保険の仕組み自体も複雑なものであり、具体的な手続に関しては保険法人に確認しないと分からないことも多く、施主や後継業者も正確に理解していない可能性が高いと思われ、更に破産手続開始時の工事の進捗によって必要な手続も変わってくることから、破産管財人としては各工事ごとに必要な手続を慎重に確認、検討する必要がある。

PART 9

協力業者等との
関係

　工事途中で工務店が破産した場合、工務店と協力業者等との間の各種契約について、どのように処理すべきかが問題となる。

9.1　協力業者との間の下請負契約

　まず、工務店と協力業者との間の下請負契約については、注文者が破産したこととなるので、破産法53条の特別規定としての民法642条が適用され、協力業者（請負人）又は破産管財人が下請負契約を解除することができる。ただし、すでに仕事が完成していた場合には、協力業者から解除することはできない。

　協力業者の既履行部分の報酬・費用の請求権、破産管財人が解除した場合の解除による損害賠償請求権は破産債権となる。協力業者が解除した場合は、解除による損害賠償を請求することはできない（民法642条3項）。また、契約を解除せず、破産手続開始後に協力業者が履行した部分の報酬・費用の請求権は財団債権となる。

　破産管財人としては、基本的に協力業者との間の下請負契約については解除を選択することになると思われる。協力業者の側からしても、破産手続開始（又は申立準備）時点で工事を中断し、その後に履行する業者はほぼいないであろう。もっとも、現場が多岐にわたると、協力業者の数も膨大となるため、破産管財人が破産手続開始時点で工事途中の下請負契約全てを把握して逐一解除の手続をとることは困難な場合がある。実務上は、下請負契約について破産管財人から解除通知を発出しなくても、協力業者から解除されたことを前提に処理すれば、特段の問題は生じない場合が多いのではないだろうか。

　本件においても、破産管財人から各協力業者に対する解除通知は行わず、工事中断されたことをもって協力業者から解除されたとみなし、それを前提に処理を行った。債権調査にあたっては、既履行部分の報酬・費用の請求権が破産債権として届出されてい

ることを確認することとした。なお、解除による損害賠償請求権
を届け出てくる協力業者はいなかった。

> 【民法】
> （注文者についての破産手続の開始による解除）
> 第642条　注文者が破産手続開始の決定を受けたときは、請負
> 　　人又は破産管財人は、契約の解除をすることができる。ただし、
> 　　請負人による契約の解除については、仕事を完成した後は、こ
> 　　の限りでない。
> 2　前項に規定する場合において、請負人は、すでにした仕事の
> 　　報酬及びその中に含まれていない費用について、破産財団の配
> 　　当に加入することができる。
> 3　第一項の場合には、契約の解除によって生じた損害の賠償は、
> 　　破産管財人が契約の解除をした場合における請負人に限り、請
> 　　求することができる。この場合において、請負人は、その損害
> 　　賠償について、破産財団の配当に加入する。

9.2　足場契約

　協力業者との間の下請負契約のうち、足場業者との契約につい
ては、足場が設置された状態で破産手続開始となった場合に、現
場に残存された足場の処理を含めた契約関係の処理が問題となる。

> COLUMN　**足場の風景**
>
> 　足場の種類には、単管足場、くさび緊結（きんけつ）式足場、
> 枠組足場などがあり、これらのうち、戸建て住宅の工事現場では、
> くさび緊結式足場が多く採用されている。くさび緊結式足場とは、
> 緊結部を備えた支柱、手摺、筋交、床材などの部材をくさびで緊

結する方式の足場のことである。

　この方式においては、全ての部材がユニット化されているため、建物の形状に合わせて自由に組み立てることが可能であり、専門知識がなくともハンマーだけで組立て・解体ができる上に、部材の収納・輸送が容易であるといった長所がある。

　もっとも、設置・解体作業が容易であるといっても、足場からの墜落・転落災害は多数発生しており、平成 23 年以降、墜落・転落災害のうち、足場からによるものが占める割合は、死傷災害で約 15%、死亡災害で約 18%となっている（厚生労働省平成 27 年 5 月 20 日付け基安発 0520 第 1 号別紙第 2 の 1 イ）。したがって、事故防止の観点からも、解除に伴う原状回復により、不要な設置・解体作業を繰り返すことは望ましくなく、足場契約については、できるだけ破産者の発注者たる地位を施主に移転するべきであるといえる。

　足場契約の場合、足場設置作業・工事期間中の足場レンタル・足場撤去作業をまとめて 1 つの契約としており、業者によっては、一括で請負代金の請求を行っている契約がある。

　このような足場契約では、足場が設置され代金未払いの状態で破産手続開始となった場合、双方未履行双務契約の処理の問題となるから、上述のとおり、破産管財人としては協力業者から解除があったものとして扱うのが相当である。

　この点、足場契約が解除されたと解すると、法的には足場業者は足場を撤去することになるが、外壁工事等足場を必要とする工事が残存している場合、施主としては後継業者において足場のレンタルを継続したいと考えるのが合理的である。いったん足場を撤去して、再度別業者が足場を設置し直すというのは不経済であるし、足場業者としても、工事代金の一部でも施主から回収したいと考えるところである。

そこで、足場契約については、足場設置作業の履行後に解除した場合でも、施主、破産管財人、足場業者の三者間の協議によって、原状回復（足場撤去）は行わないこととし、未履行の足場レンタル・足場撤去作業については、足場契約における破産者の発注者たる地位を施主に移転し、施主と足場業者との間で契約を締結してもらうことが考えられる。足場業者としては、破産手続開始時点までの既履行分の代金を破産債権として届け出、未履行分については施主に請求するということになる。

　なお、施主と足場業者との間で代金の折り合いがつかないなど、調整が困難な場合には、原則どおりの解除による処理をすることになるだろう。

9.3　水道供給契約等の継続的供給契約

　下記の水道供給契約、電気供給契約等の継続的供給契約については、双方未履行双務契約として、破産法53条が適用される。すなわち、

　破産管財人には、契約を解除するか履行を選択するかの選択権が与えられ、相手方の催告に対して相当期間内に回答しない場合は解除を選択したとみなされる。

　破産手続開始申立前に供給された部分の対価は破産債権となり、破産手続開始申立後から破産手続開始決定前に供給された部分の対価、履行が選択された場合の対価は財団債権となる。なお、一定期間ごとに債権額を算定すべき継続的給付（水道、電気等）については、破産手続開始申立日の属する期間内の給付にかかる請求権が財団債権となる（破産法55条）。

　破産管財人としては、財団債権の増大を避けるため、早期に解除を選択するのが基本方針と考えられるが、現場ごとに引継ぎの

必要があるか等を確認する必要がある。

> **【破産法】**
>
> （継続的給付を目的とする双務契約）
> 第55条　破産者に対して継続的給付の義務を負う双務契約の相手方は、破産手続開始の申立て前の給付に係る破産債権について弁済がないことを理由としては、破産手続開始後は、その義務の履行を拒むことができない。
> 2　前項の双務契約の相手方が破産手続開始の申立て後破産手続開始前にした給付に係る請求権（一定期間ごとに債権額を算定すべき継続的給付については、申立ての日の属する期間内の給付に係る請求権を含む。）は、財団債権とする。
> 3　前二項の規定は、労働契約には、適用しない。

9.3.1　水　道

9.3.1.2　水道供給契約

　建設工事用の水は、現場ごとに工務店名義で水道局と水道供給契約を締結して供給を受けていることが通常である。

　そのため、施工途中で工務店が破産した現場では、工務店名義の水道供給契約が現場ごとに残存している可能性が高いので、できるだけ早期に解約を行って、財団債権の増大を防ぐことが必要である。

9.3.1.2　仮設水道工事契約

　また、建設工事用の水の供給を受けるために、現場に一時的に給水設備（以下「仮設給水設備」という。）を設置する必要があるところ、この仮設給水設備を設置する工事の契約は、現場ごとに工務店が水道工事業者との間で締結していることが通常である。

　施工途中で工務店が破産した現場には仮設給水設備が設置され

たままとなっていると考えられるところ、この処理については、施主と後継業者と水道工事業者の間の話し合いで処理がされて、この点が特段問題になるケースはなかった。法律的にも、設置された仮設給水設備は水道工事業者の所有で、破産者との仮設水道工事契約は双方未履行双務契約であり解除されるべきものと考えられるところ、仮設給水設備の処分権は水道工事業者にあることから、それを撤去するか施主側で引き継ぐかは、水道工事業者と後継業者を含む施主側で協議をして決めることが妥当と考えられる。

9.3.2　電　気

9.3.2.1　電気供給契約

　建設工事用の電気は、現場ごとに工務店名義で電力会社と電気供給契約を締結して供給を受けていることが通常である。

　そのため、施工途中で工務店が破産した現場では、工務店名義の電気供給契約が現場ごとに残存している可能性が高いので、できるだけ早期に解約を行って、財団債権の増大を防ぐことが必要である。

9.3.2.2　仮設電気工事契約

　また、建設工事用の電気の供給を受けるために、現場に一時的に電気設備（以下「仮設電気設備」という。）を設置する必要があるところ、仮設電気設備を設置する工事のことを仮設電気工事という。仮設電気工事契約は、現場ごとに工務店が仮設電気工事業者との間で契約を締結して設置していることが通常である。

　そのため、電力の供給は電力会社から受け、仮設電気設備は仮設電気工事業者に施工してもらっているという関係になるが、実務的には電力会社との電気供給契約も仮設電気工事業者が工務店

を代行して行っているようである。

　そのような関係のため、電気供給契約を解約する際、電力会社から仮設電気設備の撤去を求められる場合があった。しかしながら、電気供給契約と仮設電気工事契約は当事者も内容も異なる契約であるから、契約関係と実務上の関係に留意しつつ、電気供給契約の解約は電力会社との間で、仮設電気設備の撤去については仮設電気工事業者との間で協議をして進めることが必要となる。なお、施工途中で工務店が破産した現場の仮設電気設備については仮設電気工事業者が自主的に撤去・搬出しており、この点が特段問題になるケースはなかった。法律的には、設置された仮設電気設備は仮設電気工事業者の所有で、破産した工務店との仮設電気工事契約は双方未履行双務契約であり解除されるべきものと考えられるところ、仮設電気設備の処分権は仮設電気工事業者にあることから、施主側で仮設電気設備を引き継ぐことができない場合、仮設電気工事業者に撤去してもらう方向での処理が妥当と考えられる。

債権調査

　以下、請負人破産の事案における債権認否
の問題として、本件で実際に検討した問題を
取り上げる。

10.1 　債権の内容の把握

　破産法上、債権届出書には「各破産債権の額及び原因」を記載しなければならない（破産法111条1項1号）。ここでいう「原因」とは、債権の発生原因事実のことであり、債権の同一性を認識するに足る範囲において記載しなければならない（大審院昭和11年10月16日判決・民集15巻1825頁）。なお、破産債権の「原因」は、調査及び確定の対象とはなっていないが、債権確定手続において届出破産債権者は「原因」として記載しなかった事項を主張できないという主張制限があるため（破産法128条）、その際に意味を持つこととなる（条解破産法829頁、注釈破産法（上）728頁〔野村剛司〕）。

　本件では、債権届書の「債権の種類」の欄に「瑕疵請求」と記載されており、具体的な法律構成が不明なものがあった。「原因」の記載として法律構成の特定までは必須ではないと考えられるものの（伊藤655頁脚注8、682頁参照）、法律構成によって認められる損害賠償の範囲が異なるようなときは、法律構成を特定しなければ債権額の認定に支障を来たすおそれがある。本件の場合は、当該債権者はすでに別業者に補修工事を依頼しており、当該業者に代金を支払済みであることが判明したため、当該債権は瑕疵修補に代わる損害賠償請求権（改正前民法634条2項／民法559条・562条1項）であるという前提で債権調査を行った。

10.2 　債権届に非金銭債権が記載されていた場合

　仮に債権届出書の「債権の種類」に瑕疵修補請求等の非金銭債権が記載され、額が記載されていない場合、破産債権の届出として適法であろうか。

破産法上、破産債権の届出は書面でしなければならず（破産規則1条1項）、届出の内容として「各破産債権の額及び原因」（破産法111条1項1号）の記載が必要である。破産手続において非金銭債権の額は「破産手続開始の時における評価額」となり（同法103条2項1号イ）、非金銭債権については、債権者が、物の市場価格や代替的役務提供者との取引価格等を基礎として自ら評価をなし、評価額を届け出ることを要することとなる（伊藤287頁、同書654頁脚注7)。

したがって、非金銭債権について破産債権の届出がなされた場合、債権者において破産債権の額を記載しない限り、届出として不適法である。このような届出は裁判所による補正命令の対象となり、破産者が補正命令に応じなければ届出は不適法として却下されることとなる（破産法13条・民事訴訟法137条）。破産管財人としては、届出のない債権を自認することはできないため（破産法117条。なお、再生手続とは異なる。民事再生法101条3項参照。）、補正を促すべきである。

10.3　瑕疵修補に代わる損害賠償請求権についての調査

一般に、建築請負契約における「瑕疵」の有無についての判断は容易ではない。本件では債権者から設計図と設計士の意見書が疎明資料として提出されていたため、これに基づいて調査を進めた。

瑕疵の有無については、まず、債権者に瑕疵があると主張する箇所を特定させ、設計士から当該箇所のあるべき姿を具体的に聴取した。そして、当該箇所の実態とあるべき姿を比較しつつ、設計士の見解も踏まえ、瑕疵にあたるか否かを検討・判断した。

瑕疵修補に代わる損害賠償請求権の損害額は、原則として第三

者に修補させた場合の費用額であると解される（松本克美ほか編『専門訴訟講座②建築訴訟〔第2版〕』（民事法研究会、2013年）322頁）。本件では、瑕疵と認定した箇所の補修工事に関して、債権者や補修業者に対して領収書、請求書等の提出を求め、これらの資料に基づいて債権額を認めた。

COLUMN　**債権調査では「認めない」旨の認否をしない？**

　債権調査の結果、届出債権について「認めない」旨の認否をした場合、その後に債権確定手続を経なければならなくなる可能性が高くなり、破産手続全体の終結が遅延するおそれがある。そのため、債権調査によって、届出債権について「認めない」旨の認否をするべき部分がある場合、破産管財人としては、まず、債権者と協議をして、認められない部分に関して、届出債権の一部取下げ等の訂正をしてもらい、訂正された届出債権について「認める」旨の認否をして、実際には「認めない」旨の認否をできるだけしないように努めるべきと考えられる。

出来高換価の
ための申立代理人
の役割

　本件破産管財事件の工務店と同様、設計施
工の請負契約で工事代金の内訳明細書がない
ケース（6.3（47頁）参照）について、出
来高換価のための作業として、申立代理人が
なすべきと思われることをモデル的に説明す
る。補足的に申立代理人の準備に対する管財
人としての注意事項も述べる。

11.1 申立ての準備段階

まず、代表者が破産について弁護士に相談し、破産手続開始の申立をすることとした時点から、全従業員に対し、破産手続の開始申立を報告する時点までの段階に関して述べる。

11.1.1 現場一覧表の作成とその限界

申立代理人の役割として、最も重要なことは現場一覧表を作成することである。網羅的な一覧表が完成していれば破産管財人は破産管財業務を効率的に進めることができるし、また、工事現場の網羅的な把握は会社の従業員現場担当者経理担当者が在籍している間に行えば極めて簡単に成し得るからである。

しかし、この段階においては現場一覧表の作成には限界がある。

まず、小規模な工務店の場合、この段階では会社が破産の申立てをすることについては特に秘密に保つべきであるから会社側で申立てに必要な書類の作成に携われるのは、経理担当者に限られるであろう。しかし、その経理担当者も日中は支払いを求める業者対応や資金繰りの業務にあたる必要があるし、債権者一覧表や財産目録の準備も主として行うことになるため、それらに加え、現場出来高の換価のための準備は十分にできないかもしれない。申立代理人としてはまずその点に配慮する必要があろう。必要に応じ、土日出勤による作業も要請すべきである。

また、この現場一覧表は、未成工事受入金と出来高を比較し、未成工事受入金＜出来高であればその差額を回収し、未成工事受入金＞出来高であればその差額を施主に返還するといった業務を行うための資料である。前述したとおり、工事代金の内訳明細書がない場合、出来高は協力業者からの請求書の積算により算定す

る必要があるが、申立ての準備段階においては、会社は工事を継続しているから、現に進行中の工事にかかる請求書はそもそも発行されていない。よって出来高の正確な把握は申立の準備段階においては不可能である。

　以上のとおりこの段階では現場一覧表の作成には限界がある。

11.1.2　現場一覧表の作成

　こうした限界を踏まえつつ、以下、現場一覧表の作成について説明する。

　一覧表の項目としては以下が想定される。

> ・現場名
> ・施主の氏名、住所、電話番号
> ・契約日、請負代金、引き渡し日
> ・未成工事受入金額
> ・出来高
> ・営業、工事の各担当者の氏名、携帯電話、メールアドレス

　以下、項目ごとに説明する。

＜現場名＞

　まず、現場名であるが、これは会社が通常使っている現場名をそのまま用いるのが合理的である。後に、営業担当者や監督から事情を聴く際、どの現場かが容易に把握できるからである。

　問題はどの現場を一覧表に盛り込むかである。一見自明のようであるが、対象現場を網羅的に把握することは思いのほか難しい。

　現場の網羅的な把握には未成工事受入金からのアプローチが有効である。前述したとおり、未成工事受入金は未完成の現場において、施主から受領した請負代金を仕訳する科目であるから、そ

の補助科目を参照すれば、未完成の現場を網羅することができる。よって、申立代理人は未成工事受入金の補助科目明細を現場一覧表に記載するよう指示することになる。もっとも、入金の経理処理が滞っているおそれもある。しかし、申立てはしばしば預金残高が最も多くなる時点で行われるので、最終入金分の経理処理は申立ての段階では事実上不可能であり、仮に申立ての直前に契約をし、申立ての前日に着工金が入金されたような場合には、申立書に添付された現場一覧表においては、現場として認識される余地がないことに留意するべきである。こうした場合には、申立後、追加する必要がある。

　なお、申立人の中には、こうした入金を偏頗弁済の原資にする場合もまま見受けられ、そうした場合には、経理担当者が申立後の経理処理をせず、現場一覧表に計上されないこともありうる。申立代理人としては、破産管財人に会社の通帳を引き継ぐ際には記帳するであろうから、入金があったものについては経理処理がなされているか確認し、未了であれば経理処理を行うように経理担当者に指示するべきであろう。この点の注意は破産管財人も重要であって、申立直前の入金と申立書に添付された現場一覧表と対照して、現場に漏れがないかを確認するのが肝要である。

　また、未成工事支出金からのアプローチも考えられるが、未成工事支出金は、協力業者からの請求がなされ、かつ、それに対し支払いを初めて計上されるから、例えば、申立ての割と近いところで受注した工事の場合には、そもそも協力業者から請求すらなされていないのが通常である。よって、未成工事支出金からのアプローチは有益ではないように思われる。

＜施主の氏名等＞

　未成工事受入金からアプローチすれば、氏名は容易に確認でき

る。住所、電話番号は現場台帳、現場ごとのファイル等に記載が
あろう。申立代理人は施主の住所、電話番号がどの資料に記載さ
れているかを聴取しておくのが得策である。それらが記載された
資料は、後述するように現場ごとの段ボールにまとめて管財人に
引き渡す必要があるからである。

＜契約日、請負代金等＞

これらは工事請負契約書を参照して記載するのが最善である。
申立代理人は契約書を参照して記載するように指示し、当該契約
書は管財人に引き継げるように確保することを指示する。ちなみ
に、本件破産管財事件においては契約書の欠落があり、最後まで
発見に至らない現場もあった。

＜未成工事受入金額＞

現場の把握を未成工事受入金から行うこととした以上、この金
額の記載は容易であるし、出来高との差額を精算することが目的
であるからこの金額は重要である。経理担当者の作業時期によっ
て、後に金額が増加することも想定される。申立代理人は経理担
当者に対し、マーカーやコメント機能を用いてそうした場合に対
応できるように注意喚起をするのが得策である。

＜出来高＞

開始決定日における出来高は、申立準備段階では正確には把握
しえない場合が多い。なぜなら、申立直前まで現場が動いている
ようなケースでは、出来高は上昇しているからである。よって、
この欄は空欄にしておくことになろう。あるいは可能であれば、
参考として「○○時点、未成工事支出金」という列を設け、その
額を記載しておくことも考えられる。未成工事支出金と請負代金
とを比較することにより、工事の進捗が一応把握できる。ただし、
前述したとおり未成工事支出金は、協力業者から請求があり、か

つそれに対し、会社が支払いをした場合に計上されるものであるから、逆に協力業者からまだ請求があがっていない現場はもちろん、請求はなされているが、未払いの現場についても認識されないことになる。よって、この「〇〇時点、未成工事支出金」は実際よりも相当少額である可能性が高いから、あくまでも参考でしかない。

＜担当者等＞

　担当者の氏名等を記載するのは、申立後、早い段階で管財人ないし管財人代理から、直接、必要な事項を聴取するためである。従業員を解雇するタイミングについては後述するが、申立てと同時に解雇予告し、1カ月後に雇用契約が終了することを想定する。携帯電話は会社から貸与されているものであることを前提とし、雇用契約が終了するまで契約を維持する。

　なお、申立代理人の役割からは少し離れるが、複数の破産管財人代理を選任する場合には、事情聴取の便宜のため、工事の現場担当者ごとに破産管財人代理を割り当てるのが得策である。仮に1人の現場担当者に対し、担当現場ごとに複数の破産管財人を割り当てた場合には事情聴取がばらばらになされるおそれがあり、現場担当者の負担が重く、破産管財人代理にとっても煩瑣だからである。例えば、電話で聴取する場合を想定すると、複数の現場を担当する1人の現場担当者に対し、複数の破産管財人代理から電話をすれば、現場担当者の都合の悪いタイミングに電話がかかる可能性が相対的に高まり、他方、管財人代理が事情聴取中に他の管財人代理が電話する場合には通話中となって他の管財人代理は再度電話をする必要が生じる。また、面談で事情を聴く場合も現場担当者と破産管財人代理がペアとなっている方が効率的なことは明らかである。

この点、本件破産管財事件においてはこうした配慮の必要性を想起できず、こうした配慮なく担当現場を割り当ててしまった。そのうえ、本件破産管財事件は従業員の即時解雇後、1ヵ月後に開始となり、現場担当者等からの事情聴取は一層困難となった。

11.2　申立てから開始決定までの期間

次に申立てから開始決定がなされるまでの期間における申立代理人の役割について述べる。申立直後に裁判所は破産管財人候補者に打診し、工務店の破産事件であり、仕掛かり現場があることを伝えるであろう。そうすれば破産管財人候補者は申立代理人と開始決定までの対応について協議を求めるのが通常である。基本的には管財人の方針によって対応することになろう。

11.2.1　従業員の処遇

破産手続開始の申立てをする場合には、従業員は申立ての日において解雇するのが通常であろう。しかし、工務店の破産管財事件においては出来高の換価のために従業員の協力が必要である。よって、解雇するとしても解雇予告に留め、即時解雇はするべきではない。予告期間の1ヵ月は労務の提供を受けるのが得策である。そして、この予告期間に対応する賃金はいずれも財団債権である（破産法149条1項、148条1項2号、4号）

問題は実際の賃金の支払いである。

(1)　事件の規模、事務量との関係で管財人報酬相当額及び1か月分の給与相当額を優に超える額を予納金として承継できる場合

この場合には、破産財団からの給与の支払が十分期待しうる。よって、従業員に対し、以下のとおり説明して協力を求めることになろう。

①解雇はするが、解雇予告であって、即時解雇でない。これから1か月間は破産管財人の指示に従って労務を提供していただきたい。

②もちろん破産管財人の指示に従う必要はあるが、その期間中の再就職活動については破産管財人も理解を示すはずである。

③解雇予告期間の給料は、破産管財人から支払いを受けることができる。

⑵　予納金がさほど潤沢ない場合

これに対し、予納金がさほど潤沢でない場合には、従業員に対し、以下のとおり説明して協力を求めることになろう。

①解雇はするが、解雇予告であって、即時解雇でない。

②従来の給料日に給料は支払えないが、開始後破産管財人の指示に従って労務を提供することにより、破産管財人から支払いを受けられる可能性がある。

③財団形成の状況によっては②の支払いを受けられない場合にも、労働者健康福祉機構による立替払いの制度によってその8割の支払いを受けることができる。

こうした説明をした場合、従業員からは従来どおりの期日で給料をもらえないのでは働けないとの応答が想定される。

これに対しては以下のとおり説得することになろう。

④気持ちは分かるが、働いてもらえなければノーワークノーペイの原則のとおり一切賃金の支払いは受けられないことになってしまう。

⑤従業員のみなさんの協力が得られれば財団の形成も可能となり、②の支払いを受けることができる。

⑥もちろん破産管財人の指示に従う必要はあるが、その期間中の再就職活動については破産管財人も理解を示すはずである。

11.2.2　資料の整理（契約書、現場台帳、現場のファイルを 1 つの段ボールへ）

　申立前に現場の一覧表が完成すればそれに対応する契約書、現場台帳、現場のファイルを現場ごとに集めることになる。この作業は従業員特に現場の担当者が在籍中に行えば極めて容易である。現場ごとに 1 つの段ボールを用意しその中に全ての書類を集めるのが合理的である。

　本件破産管財事件では破産管財人団によって行わざるを得なかったが、いずれも具体的な所在を知らなかったので困難を極め、不完全な収集しかできなかった。

11.2.3　未成工事支出金、未成工事受入金の経理処理

　現場担当者に上記で述べたような資料の整理を指示する一方で経理担当者に対しては未成工事支出金、未成工事受入金の経理処理を指示するべきである。経理担当者は、申立ての直前まで資金繰り、また、申立てに必要な債権者一覧表等の作成で手一杯であり、これらの処理ができていない場合が多いからである。

11.2.4　請求書の整理（既払いのもの、未払いのもの）

　出来高の把握に関して必要な請求書は、既払いのもの、会社に
到着している請求書で未払いのもの、まだ協力業者が請求書を発
行していないものがあることは前述したとおりである。申立代理
人としてはこれらの請求書のうち前二者を経理担当者に確保させ
ることが重要である。そして順次これらの請求書をPDF化する。

11.2.5　出来高の把握

　請求書の整理が終わるころには開始決定になろうと思われるの
で管財人にバトンタッチすることになる。

　なお、余力があれば、本件の破産管財人団が行なったように一
覧表への入力を進める。現実にこの作業を行うのは経理担当者が
最適と思われる。なぜならこれらの請求書を日常よく取り扱って
いるのは経理担当者だからである。

PART 2

施主から相談を受けた場合

　ここまでは破産者である工務店側（管財人側）の立場で生じる問題点について検討してきたが、一方で、その工務店（請負人）に依頼をしていた施主（注文者）側にとっても大きな問題が生じる。依頼していた工務店が破産をしそうだという相談を受けたとき、施主としてどのような対応をするべきか、具体的に検討する。

12.1 工事途中（未完成）の建物の所有権の帰属

　破産管財人は、破産手続開始決定時の破産者の総財産につき管理処分権を有する。工事現場及びその未完成の出来形部分についても同様で、原則として工事再開には破産管財人の承諾を要するものと考えられる。

　すでに工事が完成した建物については、材料の全部又は主要部分を提供した当事者に所有権が帰属するとされており（最高裁昭和40年5月25日判決など）、注文を受けた請負人が一切の材料等を調達して工事を進めていればその所有権は請負人に帰属する。ただ、注文者に所有権を帰属させる特約がある場合はそれに従うとするもの（最高裁昭和46年3月5日判決・判時628号48頁、最高裁平成5年10月19日判決・判時1480号72頁など）や、注文者が代金の全部又は大部分を支払済みの場合には完成と同時に所有権を原始的に注文者に帰属するとしたもの（最高裁昭和44年9月12日判決・判時572号25頁）など、請負契約の内容、工事の進捗、代金支払の実態などの事案に即した判断がなされている。

　工事途中（未完成）の建物に関しても、完成建物に関する上記判断を敷衍することができるものと思われる。例えば東京地裁昭和48年1月30日判決・判時710号69頁は、前記最高裁昭和44年9月12日判決を引用し、請負代金345万円のうち320万円が支払済み、出来高が40％に過ぎなかった場合に、建物の所有権が出来高に応じ原始的に注文者に帰属する、と判断している。

　しかしながら、破産手続開始決定時に、これらの具体的な事情から所有権の帰属について明確な線引きをすることは難しいと思われる。

12.2　出来形の所有権の帰属と工事再開

　未完成の出来形部分の所有権の帰属は、今後施主が工事を継続してよいかどうかの判断にも関わるところ、前述のような考え方に基づくと、施主に所有権を帰属させる特約がなければ、未完成の出来高とすでに支払済みの請負代金額の大小によって所有権の帰属が注文者と請負人のいずれになるか判断が難しい場合もあり得る。

　もとより、原則として請負代金（出来高）の支払いと出来形部分の引渡しは同時履行の関係にあり（民法633条）、単純に自身の所有権を主張するだけでは出来形部分の引渡しを正当化する理由にはならない場合もあるため（同時履行の抗弁の主張が信義則違反と判断された例として最高裁平成9年2月14日判決・判時1598号65頁）、管財人が出来高の支払いを求めて出来形部分の引渡しを拒み、結局は施主が出来高の支払いについて管財人と協議が整わないと工事再開ができないという事態も想定される。

　しかし、いずれにしても、施主が工事を継続することができないとなると、仕掛かり中の現場が風雨に晒されて劣化したり、工事完成時期が大幅に遅れてしまったりなど、当事者（施主・管財人双方）に不必要な損害を与えることになりかねない（管財人が出来形の引渡しを不当に先延ばしにしたため工事再開が遅れ、施主が当該建物を使用できないことで生じた損害の賠償請求を行うことも考えられる。）。

　そこで、施主としては、管財人に対し、出来高の状況をふまえて請負代金の大半を支払済みと考えられるような場合（例えば、請負代金のほぼ全額が支払済みであるのに対して出来高が明らかに少ない場合）であればその旨を含め自身に所有権が帰属することを

主張して早期の工事再開について了承を得ること、仮にそうでなかったとしても工事遅延による損害拡大のおそれを管財人に説明し、未払請負代金の支払方針を具体的に説明して工事継続の理解を求めていくべきであろう（**8.3**（94頁以下）参照）。

　なお、管財人の立場でも施主により工事が再開されることはメリットがあることなので、破産手続開始決定時の出来高の状況が客観的に確認できるように記録をし、管財人と双方共有した上で1日も早い工事再開を目指すことが望ましい。

12.3　破産する工務店との建築請負契約の取扱い

　施主にとっては依頼していた工事が完成することがもっとも重要なことであり、破産する工務店又は管財人に対し、当該工務店と締結していた請負契約の履行を求めていくことは難しくなるので、新たに別の工務店に工事を継続してもらいたいと考えるところである。

　前述のように、施主は早期の工事再開について破産する工務店又は管財人と協議して進めていくべきであるが、当該工務店との間で締結していた請負契約に関してどのような対応をするべきか（**8.1**（70頁以下）参照）。

12.3.1　破産手続開始決定前（破産申立ての予告段階）

　工務店が破産申立てをする前段階として、工務店の代理人から受任通知が送付され、今後破産申立てを検討している旨記載されていることがある。施主からすると、自分が依頼していた工事が進められなくなるおそれがあるので、その工務店との請負契約を解除したいと考えるところである。

　ただ、破産申立ての予告がされた段階で工務店に何らかの債務

不履行がなければ、施主側から請負契約を解除することはできないと思われる。単に破産する状態となってしまったことをもって施主に対する債務不履行を認めることは相当ではないためである。

この時点ですでに存在していた工務店の債務不履行を原因として施主側から請負契約を解除すると、施主が解除時点で出来高部分を超える請負代金を支払っていた場合のその差額の返還請求権は破産債権となる（破産法2条5号「破産手続開始前の原因に基づいて生じた財産上の請求権」にあたる）。

しかし、そもそも施主は、この段階で請負契約の解除をするべきではないと思われる。なぜなら、施主が破産手続開始決定後に管財人に対して催告（破産法53条）をすれば、前述の払いすぎ分の返還請求権は財団債権となるためである（同法54条2項）（後記12.3.2参照）。工事を早く進めたい施主からすれば請負契約を急いで解除しなければと考えがちであるが、財団債権となり得る請求権が破産債権となってしまうおそれがあるため、工務店や代理人弁護士に問合せをするなどして破産申立時期などについて十分に確認するにとどめたほうがよいと思われる。

12.3.2　破産手続開始決定後

工務店に破産手続開始決定がなされた時点が工事完成前だった場合、当該請負契約は双方未履行双務契約にあたるので破産法53条が適用される。この場合、施主は、管財人に対し、相当の期間を定め、その期間内に契約の解除をするか、債務の履行を請求するかを確答すべき旨を催告することができ、期間内に確答がなければ解除したものとみなされる（破産法53条2項）。管財人により請負契約が解除されると、施主がすでに支払済みの請負代金で工事出来高を超える部分の返還請求権は財団債権となる（同

法54条2項)。

　出来高を超える請負代金を支払っている払いすぎの施主にとっては返還請求権が破産債権よりも財団債権となることは望ましいため、既存の請負契約に対しては破産手続開始決定後に破産法53条2項の催告をして解除することが理想である。施主としては破産手続開始決定前に拙速に請負契約解除を考えるのではなく、破産手続開始決定後すみやかに破産法53条2項の催告をして解除を促し、工事継続については管財人と別途協議をすることが望ましい。

【破産法】

（双務契約）

第53条

1　双務契約について破産者及びその相手方が破産手続開始の時において共にまだその履行を完了していないときは、破産管財人は、契約の解除をし、又は破産者の債務を履行して相手方の債務の履行を請求することができる。

2　前項の場合には、相手方は、破産管財人に対し、相当の期間を定め、その期間内に契約の解除をするか、又は債務の履行を請求するかを確答すべき旨を催告することができる。この場合において、破産管財人がその期間内に確答をしないときは、契約の解除をしたものとみなす。

3　前項の規定は、相手方又は破産管財人が民法第631条前段の規定により解約の申入れをすることができる場合又は同法第642条第1項前段の規定により契約の解除をすることができる場合について準用する

第54条

1　前条第1項又は第2項の規定により契約の解除があった場合には、相手方は、損害の賠償について破産債権者としてその権利を行使することができる。

2 前項に規定する場合において、相手方は、破産者の受けた反対給付が破産財団中に現存するときは、その返還を請求することができ、現存しないときは、その価額について財団債権者としてその権利を行使することができる。

12.4 後継業者への委託・工事継続に際しての注意点

12.4.1 従前の請負契約との関係（解除せずに工事を進められるか）

前述のとおり、従前の請負契約については、施主の立場からすれば、破産法53条に基づく催告を活用して管財人からの解除を促すことが望ましい。

新たな業者による工事再開が遅くなればなるほど、施主にとっては未完成建物の劣化や関係費用の増大、管財人にとっても未完成建物が劣化した結果として出来高が減少するというデメリットが生じるため、施主としては従前の請負契約の帰趨にかかわらず現場の保存や工事継続（従前の請負契約はそのままに後継業者による工事再開をするなど）に向けた準備を管財人と密に協議を進めるべきであろう。

12.4.2 出来高の算定（現場の保存の可否）

仕掛かり中の工事を進めるとしても、破産手続開始決定時点での現場の詳細（出来高）を保存しておくことは必須である。

施主にとっては、払いすぎの現場であれば出来高との差額の返還請求権の行使のため、代金一部未払の現場であれば出来高に応じた管財人からの請負代金請求が適切かどうかを判断するため、いずれの状況であっても出来高の算定をしておくことが重要とな

る。

　施主としては、工事現場の状況を詳細に写真に撮って保存しておくとともに、できれば複数の工事業者に現場の状況を直接見てもらって出来高の見積もりをもらっておくべきであろう。その際出来高の見積もりとともに、今後の工事に必要な費用の見積もりも合わせて依頼すれば、後継業者の選定にあたっての参考となるし、この点は将来、契約不適合の問題が生じた場合にも有用となる。

12.4.3　工事継続にあたって施主が留意するべき点

(1)　設計図面等の引継ぎ

　施主が従前設計施工の形で工務店に依頼をしていた場合、別業者に引き継ぐにあたっては設計図面等を管財人側から引き継いでおく必要がある。施主は管財人に対して、工務店からの引き継ぎ資料の中から設計図面等の所在を明らかにするように求め、できるだけ早く内容を確認するべきである。

(2)　工事完了引渡証明書の取得

　引継業者のもとで工事が完成した後、建物表題登記をする際に、引継業者だけでなく管財人からの工事完了引渡証明書（及び印鑑証明書）が必要となる場合がある。法務局によって回答が区々のようであるが、登記申請時に確認し、必要に応じて管財人に依頼をすることになる。

(3)　住宅瑕疵担保責任保険の引継ぎ

　施主が新たに工事継続を進めるにあたっては、住宅瑕疵担保責任保険の引継ぎが必要である。住宅瑕疵担保責任保険の加入は建設業者が保険会社に対して行うため、施主の立場ではどのような取扱いがされているのか不明な場合が多い。破産管財人が対応す

るべき内容は前記 **8.8**（138頁以下）のとおりであるが、工事引継ぎの際に施主側から管財人に対して、住宅瑕疵担保責任保険引継ぎのために、施主が新たに依頼した建設業者の名前・連絡先等を伝える必要がある。

COLUMN　債権者からの別件依頼

　破産管財人として職務を行っている破産事件の債権者から別件の依頼があった場合、破産管財人が当該別件を受任することは弁護士倫理上どのような問題があるであろうか。

　まず、弁護士倫理職務規定第27条3号は、「受任している事件の相手方からの依頼による他の事件」の受任を禁止し、同条ただし書は「受任している事件の依頼者が同意した場合」は受任の禁止を解除すると規定している。債権者は「相手方」にあたると考えるのが自然であろう。また、破産管財人は裁判所から選任され、総債権者の利益のために職務を行うものであって、「依頼者」を観念しえないため、同意によって禁止を解除することもできない。

　また、同規定第81条は、「弁護士は、法令により官公所から委嘱された事項について、職務の公正を保ちえない事由があるときは、その委嘱を受けてはならない。」と規定しており、破産管財人についても同条の適用がある。「職務の公正を保ち得ない事情」とは、客観的・実質的に考えて当該委嘱にかかる職務に対する信頼を損ねる事情であるとされている。そのため、破産管財人が債権者から別件の依頼を受けることは、同条に反する可能性が高いことにも留意すべきである。

　なお、債権者の中に破産管財人の顧問先があり顧問先の利益とその他の総債権者の利益が相反する場合（顧問先に対する否認訴訟を行う必要がある場合等）、利益相反の点（同規定第28条2号）から問題があると捉える見解と、職務の公正さに対する信頼確保の点（同規定第5条、6条あるいは81条）から問題があると捉える見解があるが、いずれの見解によっても破産管財人が顧

問先を代理することは許されない。もっとも、顧問先と総債権者の間に厳しい利益相反の関係がない場合には、直ちに破産管財人を辞任する又は顧問契約を解消する必要があるとまではいえないとされている。

PART13

協力業者から
相談を受けた場合

(1) 下請工事を行う協力業者にとっても、工務店の破産による影響は大きい。協力業者は、建築資材の製材・加工、サッシ・ドア・ガラスなどの建具工事、足場の組立て・解体、塗装工事、左官工事など様々な形で工事に携わり、契約内容や工事の進捗などによって関わりの程度も様々である。

工務店と協力業者とは、工務店を注文者、協力業者を請負人とする請負契約の関係にあり、工務店の破産は「注文者の破産」にあたる。注文者が破産手続開始の決定を受けたとき、請負人又は破産管財人が契約の解除をすることができる（民法642条1項）（**9.1**（150頁以下）参照）。

【民法】

（注文者についての破産手続の開始による解除）

第642条　注文者が破産手続開始の決定を受けたときは、請負人又は破産管財人は、契約の解除をすることができる。ただし、請負人による契約の解除については、仕事を完成した後は、この限りでない。

2　前項に規定する場合において、請負人は、すでにした仕事の報酬及びその中に含まれていない費用について、破産財団の配当に加入することができる。

3　第一項の場合には、契約の解除によって生じた損害の賠償は、破産管財人が契約の解除をした場合における請負人に限り、請求することができる。この場合において、請負人は、その損害賠償について、破産財団の配当に加入する。

請負契約が民法642条1項に基づき解除された場合、請負人が有する既履行の報酬や費用の請求権が破産債権となるのに対し、すでになされた工事の出来高部分は破産財団に帰属することになる（最高裁昭和53年6月23日判決・金法875号29頁）。このため、

請負人である協力業者が出来形部分に対して取戻権を行使することはできない（破産法 62 条参照）。

> **【破産法】**
>
> （取戻権）
> 第 62 条
> 　破産手続の開始は、破産者に属しない財産を破産財団から取り戻す権利（第 64 条及び第 78 条第 2 項第 13 号において「取戻権」という。）に影響を及ぼさない。

　請負人が工事目的物を占有している場合、協力業者側としては商事留置権の留置的効力を主張することが考えられるが（最高裁平成 10 年 7 月 14 日判決・金法 1527 号 6 頁）、この場合は管財人による受戻し（破産法 78 条 2 項 14 号）や破産者の事業が継続している場合は商事留置権消滅請求（同法 192 条）がなされることになる。

　また、協力業者が納入済みの資材等があるとき、勝手に工事現場から取り去ることは認められず、この場合は動産売買先取特権行使の可能性を検討することになるが、工事が進み納入資材がすでに建物の一部となっている状況では工務店の請負代金債権に対する物上代位が認められない限り代金回収が難しいと思われる（この点は、請負代金全体に占める当該動産の価額の割合に照らして請負代金債権の全部又は一部を右動産の転売による代金債権と同視するに足りる特段の事情がある場合には行使できる。最高裁平成 10 年 12 月 18 日判決・判時 1663 号 107 頁）。

　協力業者としては、請負人である工務店の破産手続開始決定後は受注した工事を進めるメリットはなく、民法 642 条 1 項で解除

権が認められている以上は工事中断をしても債務不履行になることはないので、その時点で工事を中断するのが通常であろう。

　また、協力業者の立場では、最終的に管財人から契約解除をされることが予想されるため、あえて解除をする必要はない（協力業者から解除をすると民法642条3項の損害賠償請求ができなくなる）し、既履行部分の報酬等について債権届出ができれば問題はないといえる。

　(2)　破産債権となる請負人の報酬や費用請求権について債権届出をするためには、出来高金額を確定しなければならない。協力業者は、工事現場の状況を確認・保存し、請負契約に基づいてどの程度履行をしたのか出来高算定のための資料を確保しておく必要がある。

　なお、破産債権となる請負人の報酬や費用請求権については、請負人それぞれの出来高金額を確定しなければならず、注文主が元請業者で、複数の協力業者が下請として介入するような現場では、既施工部分を各協力業者が関わった成果の内容に応じて割り付けて下請金額を確定することになる。このため、個々の協力業者は、自身の業務遂行が当該現場全体の進捗にどの程度寄与しているのかが明確に分かる形で状況確認・保存を心がけるべきである。

　請負人が有する既履行の報酬や費用の請求権は破産債権となるため、最終的に全額の支払いを得られない可能性があるのはやむを得ず、協力業者としては悩ましいところである。

　ただ、破産財団が増殖した結果、最終的に配当が見込める場合もあり得るので、少しでも回収を図りたいと考えるのであれば、債権者集会への出席をして、財産目録・収支計算書の内容の確認を行っておくことも必要であろう。

●執筆者紹介

本間　伸也（ほんま　しんや）

1994 年 3 月	東京大学法学部卒業
1994 年 10月	司法試験合格
1997 年 4 月	弁護士登録、那須法律事務所入所
2002 年 4 月	那須・本間法律事務所　パートナー
2016 年〜2019 年	最高裁判所司法研修所教官（民事弁護）
2020 年	司法試験予備試験考査委員（民法）

山平　喜子（やまひら　よしこ）

2003 年 11月	司法試験合格
2004 年 3 月	京都大学法学部卒業
2005 年 10月	弁護士登録、那須・本間法律事務所入所
2016 年 1 月	那須・本間法律事務所　パートナー

芥川　壮介（あくたがわ　そうすけ）

1999 年 9 月	慶應義塾大学総合政策学部卒業
2000 年 4 月〜2004 年 2 月	システム開発会社勤務
2006 年 11月	司法試験合格
2008 年 9 月	弁護士登録、那須・本間法律事務所入所
2016 年 1 月	那須・本間法律事務所　パートナー

山口陽一郎（やまぐち　よういちろう）

2005 年 3 月	東京大学法学部 卒業
2007 年 3 月	東京大学法科大学院 修了
2007 年 9 月	司法試験合格
2008 年 12月	弁護士登録（東京弁護士会）、蔵王法律事務所入所
2018 年 1 月	那須・本間法律事務所にパートナーとして参画

岡田　武士（おかだ　たけし）

2005 年 3 月	立命館大学法学部卒業
2008 年 11月	司法試験合格
2010 年 9 月	弁護士登録、中島成総合法律事務所入所
2019 年 7 月	那須・本間法律事務所にパートナーとして参画

執筆者紹介

水野良昭（みずの　よしあき）

2008 年 3 月	京都大学法学部卒業
2010 年 3 月	京都大学法科大学院修了
2010 年 9 月	司法試験合格
2011 年 12 月	弁護士登録、那須・本間法律事務所入所
2016 年 1 月	那須・本間法律事務所　パートナー

青木　星（あおき　すばる）

2011 年 3 月	中央大学法学部卒業
2014 年 3 月	法政大学法科大学院修了
2015 年 9 月	司法試験合格
2016 年 12 月	弁護士登録、渋谷アクア法律事務所入所

千葉健太郎（ちば　けんたろう）

2013 年 3 月	東京大学法学部卒業
2015 年 3 月	東京大学法科大学院修了
2015 年 9 月	司法試験合格
2016 年 12 月	弁護士登録、東啓綜合法律事務所入所

原田宜彦（はらだ　よしひこ）

2014 年 3 月	横浜国立大学教育人間科学部卒業
2016 年 3 月	首都大学東京法科大学院修了
2016 年 9 月	司法試験合格
2017 年 12 月	弁護士登録、九帆堂法律事務所入所

鈴木雄斗（すずき　ゆうと）

2014 年 3 月	立命館大学経営学部卒業
2017 年 3 月	立命館大学法科大学院修了
2017 年 9 月	司法試験合格
2018 年 12 月	弁護士登録、中山国際法律事務所入所
2020 年 3 月	真和綜合法律事務所入所

●編者紹介

那須・本間法律事務所

建築、設計の分野において豊富な相談・案件処理の実績を有し、東証一部上場会社を含む顧問先多数。

〒100-0014　東京都千代田区永田町1-11-30

　サウスヒル永田町6階

　TEL　03-6206-1761

　URL　http://www.nasu-homma.com/

　E-mail　info@nasu-homma.com

破産管財人・管財人代理の実務
──ある工務店事案を素材に

2022年3月18日　初版第1刷発行

編 著 者　　那須・本間法律事務所

発 行 者　　石　川　雅　規

発 行 所　　齋商 事 法 務

　　　　　〒103-0025 東京都中央区日本橋茅場町3-9-10
　　　　　TEL 03-5614-5643・FAX 03-3664-8844〔営業〕
　　　　　TEL 03-5614-5649〔編集〕
　　　　　https://www.shojihomu.co.jp/

落丁・乱丁本はお取り替えいたします。　印刷／そうめいコミュニケーションプリンティング
©2022 那須・本間法律事務所　　　　　　　　　　Printed in Japan
　　　　　　　　　　Shojihomu Co., Ltd.
　　　　ISBN978-4-7857-2940-0
　　　＊定価はカバーに表示してあります。